故事选读

——实用汉语阅读教程（准中级）

SELECTED STORIES: A Practical Chinese Reading Course (Pre-intermediate)

张美霞 编著

北京语言大学出版社
BEIJING LANGUAGE AND CULTURE UNIVERSITY PRESS

图书在版编目（CIP）数据

故事选读：实用汉语阅读教程：准中级 / 张美霞编著 . -- 北京：北京语言大学出版社，2015.4
ISBN 978-7-5619-4013-6

Ⅰ . ①故… Ⅱ . ①张… Ⅲ . ①汉语—阅读教学—对外汉语教学—教材 Ⅳ . ① H195.4

中国版本图书馆 CIP 数据核字（2015）第 062344 号

故事选读——实用汉语阅读教程（准中级）

GUSHI XUANDU—SHIYONG HANYU YUEDU JIAOCHENG (ZHUNZHONGJI)

项目策划：上官雪娜　　中文编辑：刘　芬
英文编辑：郭　嘉　　装帧设计：李　佳
责任印制：姜 正 周

出版发行：北京语言大学出版社
社　　址：北京市海淀区学院路 15 号，100083
网　　址：www.blcup.com
电子信箱：service@blcup.com
电　　话：编辑部　8610-82303367/3392
发行部　8610-82303650/3591/3648（国内）
8610-82303365/3080/3668（海外）
读者服务部　8610-82303653
网购咨询　8610-82303908
印　　刷：保定市中画美凯印刷有限公司

版　　次：2015 年 4 月第 1 版　　印　　次：2015 年 4 月第 1 次印刷
开　　本：889 毫米 × 1194 毫米　1/16　　印　　张：13.75
字　　数：293 千字　　定　　价：36.00

PRINTED IN CHINA

前　言

《故事选读——实用汉语阅读教程（准中级）》是专门为完成了基础汉语学习，已掌握 800 ～ 1000 个词语的汉语学习者编写的阅读教材。学习者通过本教材的学习，可以达到新汉语水平考试（HSK）四级所要求的阅读能力，并顺利向五级过渡，此外，还可以对中国传统文化有一定了解。

一、编写原则

1. 趣味性与文化性相结合

对于从基础迈向中级水平的学生来说，阅读文本的趣味性和文化性是至关重要的。本教材精心选取了 40 多篇有代表性的故事：既有古代的，也有现代的；既有成语故事、寓言故事，也有幽默故事、哲理故事。学习者可以在津津有味的阅读过程中，加深对中国文化的了解和认识，理解中国人的价值观。

2. 精读与泛读相结合

日常生活中，出于不同的目的，我们会选择不同的阅读方式，或精读，或泛读。这两种阅读能力的培养都很重要。本教材课文分为精读篇和泛读篇两种，精读篇注重细节的把握和语言知识的学习，泛读篇注重主要信息的搜索和核心内容的理解。

3. 以扩充词汇量为中心

阅读水平的提高离不开词汇量的扩充，因此扩大词汇量是阅读课教学的重要任务之一。阅读课的词语训练，强调的不是词语的运用能力，而是词语的理解和记忆。中国有句古话“授人以鱼不如授人以渔”，本教材从汉语词语特点出发，设计了丰富多彩的练习，多方面培养学生的汉语词语习得能力。

4. 课文长度与难度循序渐进

本教材严格控制每篇课文的长度与难度，由浅入深，由短到长，由易到难。从第 1 单元到第 14 单元，精读篇课文篇幅从 400 字左右逐步增加到 600 字左右，泛读篇课文篇幅从 200 字左右逐步增加到 500 字左右。

5. 练习形式丰富且题量充足

本教材的练习包括“读后练习”“单元练习”“HSK 拓展训练”等多个板块，涵盖 HSK 四级与五级所有阅读题型，形式丰富，题量充足。丰富的练习既可以帮助学习者取得良好的学习效果，又能最大限度地满足课堂教学需要，减轻教师的备课压力。

6. 专设“HSK 拓展训练”板块，帮助学生提高应试能力

随着全球“汉语热”的兴起，世界各国的汉语学习者骤增，尤其是中级水平的学习者增长得很快。通过 HSK 来检测汉语水平，不仅是广大汉语学习者自身的要求，更是求职或进入专业学习的必经之路。本教材除了在“读后练习”和“单元练习”题中设计 HSK 阅读考试题型，如“选词填空”“排列顺序”，还专门设有“HSK 拓展训练”板块，学习者可以通过循序渐进的专门训练，提高 HSK 阅读考试成绩，实现四级到五级的平稳过渡。

二、教材结构

本教材共有 14 个单元，每个单元包括“精读篇”“泛读篇”“单元练习”“HSK 拓展训练”四大板块。

“精读篇”由“读前准备”“课文”“语言点”“读后练习”四部分组成。“读前准备”通过让学生讨论与精读课文相关的话题，调动学生的认知图式，以说促读；“语言点”主要用来提升学生的汉语词语运用能力，帮助学生通过联想记忆，快速扩大词汇量，涉及多义词、多音词、四字格、惯用语等内容；“读后练习”包括多种题型，全面迅速提高学生多种阅读能力。

“泛读篇”由泛读课文和练习两部分组成。每个单元有泛读课文两篇（第 14 单元为 4 篇），其长度和难度略低于精读课文。泛读课文生词只注音，没有生词学习环节，以培养学生猜测词义、跳跃生词障碍的能力。书后词汇总表附有泛读课文生词的英文翻译，学生可根据需要参考学习。

“单元练习”主要包括四种题型：“朗读句子，注意词语的用法”，巩固本单元出现的重要语言点；“给下面的汉字注上拼音，然后选择填空”，巩固本单元出现的单音节动词；“给下面的词语注上拼音，然后选择填空”，巩固本单元出现的双音词；“选择填空”，巩固本单元出现的连词、副词、介词等重要虚词或固定结构。

“HSK 拓展训练”模拟 HSK 五级阅读考试的第一部分和第二部分题型，设计“请选出正确答案”和“请选出与短文内容一致的一项”两类模拟题，帮助学生更好的熟悉 HSK 五级考试，实现从 HSK 四级到五级的平稳过渡。

三、教学建议

本教材可供一个学期使用，教学进度为每周一单元，每个单元的教学时间为4～6课时。

为了帮助学生提高阅读速度，培养良好的阅读习惯，建议教师采用课堂限时阅读的教学方式，具体的阅读时间和答题时间请参见课文上方的阅读要求。

教师可根据各校的具体课时安排，灵活处理各板块内容，如“单元练习”和“HSK 拓展训练”可作为课后作业。

四、致谢

本教材部分单元曾在北京语言大学教务处资助的教学实验课上试用过，试用期间得到了学院领导的大力支持，同时戴惠本、张宏信、杨慧贞、张城护、王身钢、李蕊等任课老师也给予编者很多建议和鼓励，在此一并致以衷心的感谢。

本教材的出版，还要感谢北京语言大学出版社上官雪娜主任的热情支持、刘芬编辑的认真执着，她们不仅对教材提供了宝贵的意见，更为教材的出版倾注了极大的热情，付出了艰苦的努力。

编者

2014 年 10 月

目　录

第1单元

精读篇

佛教影响很大，全世界信佛的人很多，也流传着很多关于和尚的故事。这一单元我们要学的就是其中一个。

读前准备

1. 说一说下面哪些事情是和尚不能做的？

A. 读书	B. 饮酒	C. 唱歌	D. 恋爱
E. 吸烟	F. 结婚	G. 上网	H. 吃肉

2. 中国有很多有名的寺庙，你听说过哪些？去过哪些？

吃人的老虎[1]

阅读要求：约 410 字，阅读时间 7 分钟，答题时间 15 分钟。

有一个三岁的小男孩，和一个老和尚[2]一起住在山顶[3]上的庙[4]里，他们从来[5]不下山。

时间过得很快，转眼小男孩已经长成一个英俊[6]的小伙子[7]。当然[8]他也做了和尚，他是老和尚的徒弟[9]。年轻的和尚很想下山，去看一看外面的世界。老和尚虽然很担心，但是没办法，只好[10]答应了。

1. 老虎（名）lǎohǔ tiger
2. 和尚（名）héshang Buddhist monk
3. 山顶（名）shāndǐng top of a mountain
4. 庙（名）miào temple
5. 从来（副）cónglái from past till present
6. 英俊（形）yīngjùn handsome
7. 小伙子（名）xiǎohuǒzi young man
8. 当然（副）dāngrán naturally; without doubt
9. 徒弟（名）túdì apprentice
10. 只好（副）zhǐhǎo have to

下山的路上，小和尚见到很多在山上从来没有见过的新鲜[11]东西。小和尚看到什么，就问老和尚"这是什么"。老和尚不厌其烦[12]地告诉他：

"这是鸡，会下蛋[13]。"

"这是狗，会看家。"

"这是马，可以骑。"

"这是牛，可以耕地[14]。"

小和尚听了，非常高兴。这时，对面走过来一个年轻漂亮的姑娘[15]。小和尚看呆[16]了，吃惊[17]地问老和尚："这又是什么？"

老和尚沉[18]下脸说："阿弥陀佛①，这是'吃人的老虎'啊，千万[19]不能多看，看多了就要吃你！"小和尚点了点头。

回去的路上，老和尚问小和尚："今天下山，你看到了很多新鲜东西，你最想再见到哪一个啊？"

小和尚想都没想，就说："我最想再见一见那个'吃人的老虎'。"

11. 新鲜（形）xīnxiān new; rare
12. 不厌其烦 búyànqífán be not tired of
13. 蛋（名）dàn egg
14. 耕地（动 / 名）gēngdì plough, till; cultivated land
15. 姑娘（名）gūniang girl
16. 呆（形）dāi blank
17. 吃惊（动）chī jīng be shocked
18. 沉（动）chén keep down
19. 千万（副）qiānwàn must; make sure to

语言点

一、下蛋

汉语里很多常用动词都是多义词，比如，"下"就是一个多义词："下蛋"指"生蛋"，"下班"指"工作结束"，"下饺子"指"把饺子放进锅里"，"下雨"指"雨从天上落下来"，"下棋"指"玩棋"。

◆ 选择下列各句中加点词的正确解释。

1. 刚才你上哪儿了？ （ ） A. 出发 B. 去
2. 下大雨了，路上的人都打着伞。 （ ） A. 用手举着 B. 用手提着

① 阿弥陀佛（Ēmítuófó）：佛教语，信佛的人用作口头诵念的佛号，表示祈祷祝福或感谢神灵等意思。

3. 我喜欢喝不放糖的咖啡。 (　　) A. 发 B. 加

4. 这本新出的小说很有意思。 (　　) A. 出版 B. 发生

二、想都没想

“想都没想”是“完全没有想，一点儿也没有想”的意思。“～都没～”或“～都不～”中间插入动词，表示“完全没有 / 完全不……”“一点儿也没有 / 一点儿也不……”。其中，“都”表示强调，前面也可加上“连”，变成“连……都没 / 都不……”，该结构后面常有“就……”。

◆ 选择合适的词语填空。

A. 问都不问　B. 看都不看　C. 尝都没尝　D. 试都没试

1. 我向他借钱，他________就借给我了。
2. 妻子觉得丈夫买的衣服不好看，所以________就说大小不合适。
3. 我把报告交给经理，经理连________，就说不行。
4. 女朋友________，就说：“这菜一看就太辣了，我不吃辣的。”

读后练习

一、根据课文，回答问题。

1.“吃人的老虎”指的是什么？
2. 小和尚最想再见到什么？

二、根据课文，判断正误。

1. 小和尚一出生就和老和尚生活在一起了。 (　　)
2. 老和尚和小和尚住在山顶上的庙里。 (　　)
3. 小和尚一说想下山，老和尚就高兴地同意了。 (　　)
4. 老和尚和小和尚在下山的路上遇到了鸡、狗、马、牛、虎。 (　　)

5. 老和尚告诉小和尚那个年轻漂亮的姑娘是老虎。（ ）

6. 小和尚住的山顶既没有鸡狗马牛，也没有老虎。（ ）

7. 小和尚以前没见过老虎，也没见过姑娘。（ ）

8. 虽然老和尚说姑娘是吃人的老虎，但是小和尚不怕。（ ）

三、根据课文，选择加点词语的正确解释。

1. 时间过得很快，转眼小男孩已经长成一个英俊的小伙子

A. 一眼　B. 很快　C. 一会儿　D. 以后

2. 老和尚虽然很担心，但是没办法，只好答应了

A. 愿望　B. 回答　C. 同意　D. 应该

3. 老和尚沉下脸说

A. 低下头　B. 往下看　C. 生气了　D. 回头

4. 这是“吃人的老虎”啊，千万不能多看

A. 一定　B. 很多　C. 万一　D. 可是

5. 小和尚想都没想，就说

A. 想了又想　B. 想啊想啊　C. 想来想去　D. 一点儿都没想

四、选择与句子中加点词语意思相同的一个。

1. 这是狗，会看家。

A. 去上海旅行时，我去看了一位老朋友。
B. 请帮我看一下包，我去一下厕所。
C. 我看今天不会下雨。
D. 你病得这么厉害，去医院看看吧。

2. 这时，对面走过来一个年轻漂亮的姑娘。小和尚看呆了……

A. 你打算在北京呆多长时间？
B. 别看他长得呆头呆脑的，其实可聪明了。
C. 听了这个消息，大家都惊呆了。
D. 他一天到晚就知道看书，真是个书呆子。

五、根据课文，选择正确答案。

1.“看多了就要吃你”的意思是：

A. 小和尚很喜欢老虎，所以看了很长时间
B. 如果小和尚总是看老虎，老虎就会吃他
C. 老虎一看到小和尚，就要吃他
D. 小和尚还想看老虎，但是老虎要吃他

2. 下面哪一项与课文内容不符？

A. 老和尚不厌其烦地教小和尚
B. 小和尚很想看一看外面的世界
C. 漂亮的姑娘都喜欢英俊的小伙子
D. 对和尚来说，漂亮的姑娘就像老虎

六、联系课文，小组讨论下面问题。

老和尚和小和尚的故事还会继续下去，请你讲讲下面的故事。

泛读篇

1. 你还真大方

阅读要求：约 220 字，阅读时间 4 分钟，答题时间 10 分钟。

小李第一次把刚买的汽车开到公司，正赶[1]上有一份文件要送到总公司。主任[2]问小李："公司的车都出去了，能不能用一下你的车？" 小李爽快[3]地说："没问题。"

主任又说："可是，要是你现在开车去送文件，晚上可能还得加班把明天开会用的报告[4]写完。" 小李笑笑说："可以让别人开我的车去呀。"

主任说："一般人都舍不得[5]让别人开自己的新车，没想到你还真大方呀。" 小李不好意思地说："我不是大方，而是真的很爱我的车。咱们公司会开车的人，没有一个比我技术[6]差的。"

1. 赶 gǎn
2. 主任 zhǔrèn
3. 爽快 shuǎngkuai
4. 报告 bàogào
5. 舍不得 shěbude
6. 技术 jìshù

一、根据课文，判断正误。

1. 小李经常开刚买的汽车去公司。 （ ）
2. 小李今天必须要完成报告。 （ ）
3. 主任决定让小李开车去总公司送文件。 （ ）
4. 小李开车的技术在全公司是最差的。 （ ）
5. 小李觉得自己是一个大方的人。 （ ）

二、根据课文，选择加点词语的正确解释。

1. 小李第一次把刚买的汽车开到公司，正赶上有一份文件要送到总公司

A. 听说　　B. 看见　　C. 碰上　　D. 找到

2. 小李爽快地说

A. 痛快　　B. 高兴　　C. 快乐　　D. 认真

3. 可是，要是你现在开车去送文件，晚上可能还得加班……

A. 只要　　B. 就是　　C. 但是　　D. 如果

4. 一般人都舍不得让别人开自己的新车

A. 不一定　　B. 不满意　　C. 不放心　　D. 不愿随便

5. 我不是大方，而是真的很爱我的车

A. 不小气　　B. 很有钱　　C. 很开朗　　D. 不喜欢

三、选择与句子中加点词语意思相同的一个。

1. ……晚上可能还得加班……

A. 这件事我们还得商量商量。
B. 这个菜辣得很，我们换个别的吧。
C. 你的汉字写得真漂亮！
D. 这次考试小李得了满分。

2. ……把明天开会用的报告写完。

A. 太热了，开一下窗户吧！
B. 下雪了，开车要小心。
C. 今天晚上我们公司要开新年晚会。
D. 春天到了，院子里的花都开了。

2. 说真话

阅读要求：约 350 字，阅读时间 6 分钟，答题时间 10 分钟。

如果一天不说谎话[1]，只说真话，会怎样？我决定今天试一试。

早上，妻子问我："你看，我最近是不是胖了？"我认真地告诉她："你真的该减肥[2]了，你的腰[3]越来越像水桶[4]了。"妻子摔[5]门而去。

到了公司，又是开会。主任让我说两句，我说："做点儿实际[6]的事情，比开会有用多了。"主任听了，脸色铁青[7]。

中午，一位大学同学打来电话。我们十多年没见了，上周同学聚会[8]时见过面。电话里，她说："这么多年没见，你还是那么帅。"我遗憾[9]地告诉她："你变化真大！你以前可是有名的校花。"老同学沉默[10]了一会儿，说了声"再见"。

晚上，我去医院看一位生病的好友。人们告诉他得的是胃炎[11]。临走时，好友拉着我的手，问："你告诉我实话吧，我得了什么病？"我握[12]着他的手，说："你得的是胃癌[13]。"说完，我跑出了病房。这是我今天说的最该死的一句真话。

1. 谎话 huǎnghuà
2. 减肥 jiǎnféi
3. 腰 yāo
4. 水桶 shuǐtǒng
5. 摔 shuāi
6. 实际 shíjì
7. 铁青 tiěqīng
8. 聚会 jùhuì
9. 遗憾 yíhàn
10. 沉默 chénmò
11. 胃炎 wèiyán
12. 握 wò
13. 胃癌 wèi'ái

一、根据课文，判断正误。

1. 妻子最近胖了，特别是腰很粗。（　）
2. 我不喜欢开会，因为我不喜欢发言。（　）
3. 上周我和大学同学聚会了。（　）
4. 我的老同学年轻的时候很漂亮。（　）
5. 好友得了胃癌，但人们都以为他得的是胃炎。（　）

二、根据课文，选择加点词语的正确解释。

1. 妻子摔门而去

A. 轻轻地关门　　B. 用力地关门

C. 出门时摔倒了　　D. 用力地敲门

2. 主任听了，脸色铁青

A. 看样子很着急
B. 看样子很难过
C. 看样子很生气
D. 看样子很高兴

3. 你以前可是有名的校花

A. 代表学校的花
B. 全校成绩最好的女生
C. 学校里的花
D. 全校最漂亮的女生

4. 老同学沉默了一会儿，说了声“再见”

A. 生气
B. 不说话
C. 想了想
D. 听说

5. 临走时，好友拉着我的手，问：“你告诉我实话吧，我得了什么病？”

A. 快死的时候
B. 出发的时候
C. 要走的时候
D. 进门的时候

三、根据课文，选择正确答案。

1.“我”为什么说“这是我今天说的最该死的一句真话”？

A. 因为“我”担心好友知道病情后真的会死
B. 因为“我”担心好友知道病情后生别人的气
C. 因为“我”担心好友被别人骗
D. 因为“我”担心好友生我的气

2. 这篇课文主要告诉我们什么？

A. 人不该说真话
B. 说真话比说假话好
C. 真话有时候会伤害人
D. 说谎话的人最该死

单元练习

一、朗读句子，注意词语的用法。

1. 从来

他上课从来不迟到。
这个孩子从来没说过谎话。
我从来不向别人借钱。

2. 动词 + 成

小女孩长成了漂亮的姑娘。
我把美元都换成了人民币。
这本小说被翻译成了英语。

3. 只好

朋友们都很忙，我只好一个人去了。
飞机票都卖完了，我只好买了火车票。
这活儿别人都没有做过，只好辛苦你一下了。

4. 千万

事情很重要，你千万别忘了。
外面下雪呢，开车千万要小心。
这是个秘密，你千万不要告诉别人。

5. ……比……+ 形容词 + 多了

今天比昨天暖和多了。
你的汉语说得比我好多了。
在网上买东西比在商店买东西便宜多了。

6. 临

临睡前，我喝了一杯牛奶。
临走时，我又上网查了一下地图。
临出发前，我给朋友打了一个电话。

二、给下面的汉字注上拼音，然后选择填空。

长　骑　赶　摔　点　加　握　像　试　减

_____ _____ _____ _____ _____ _____ _____ _____ _____ _____

1. 昨天去商场时，正好______上衣服打折。
2. 最近公司很忙，晚上总是______班。
3. 一年不见，这个孩子又______高了很多。
4. ______自行车一定要注意安全。
5. 她一下子______了 5 公斤，瘦了很多。
6. 水太热了，他不小心把杯子______了。
7. 见面以后，我们先______手，然后做了自我介绍。
8. 最后，他______了______头，说："好吧，我同意你的意见。"
9. 我们两家是邻居，关系非常好，______一家人一样。
10. 这是个好机会，我决定______一______。

三、给下面的词语注上拼音，然后选择填空。

减肥　吃惊　谎话　担心　遗憾　新鲜　大方　聚会　答应　英俊

_____ _____ _____ _____ _____ _____ _____ _____ _____ _____

1. 我很______地通知你，你没有通过今天的考试。
2. 因为小明说______，所以老师批评了他。
3. 医生说："你得______了，太胖对身体不好。"
4. 小李经常请客，对朋友很______。
5. 每个女孩子都希望找到一位______的白马王子。
6. 现在这种事情很多，一点儿也不______。
7. 李红想去外地上大学，可是父母不______。
8. 听说熊猫也吃肉，大家都很______。
9. 妻子______长胖，所以吃得很少。
10. 上周我参加了一次高中同学的______，见到了很多老同学。

四、选择填空。

1. 真新鲜，这种事情我______没听说过。

A. 已经　　B. 从来

2. 因为没有买到火车票，我们______自己开车去了。

A. 只好　　B. 只是

3. 天气预报说明天有大雨，你______别忘了带雨伞。

A. 千万　　B. 万一

4. 巧克力不能多吃，______对身体不好。

A. 太多吃　　B. 吃多了

5. 他这个人很小气，______把东西借给别人。

A. 舍不得　　B. 怪不得

6. 我不是不想去，______真的没有时间。

A. 要是　　B. 而是

7. 十二点了，你______睡觉了，明天还要上班呢。

A. 会　　B. 该

8. ______走时，我突然接到一个电话。

A. 临　　B. 离

HSK 拓展训练

一、请选出正确答案。

大熊猫的体形______熊，四肢、肩膀、耳朵和眼睛周围都是黑的，其他地方是白的。它______爬树，会翻跟头，胖胖的，别______多可爱了。它最爱吃的食物是竹子，一只大熊猫一天能吃三四十______竹子。有时，大熊猫也______一些小动物吃。

1. A. 象	B. 像	C. 样	D. 相
2. A. 会	B. 想	C. 对	D. 就
3. A. 说	B. 看	C. 提	D. 问
4. A. 个	B. 只	C. 克	D. 斤
5. A. 拿	B. 抓	C. 取	D. 让

二、请选出与短文内容一致的一项。

1. 在网上买东西，男人花的钱超过了女人。大多数女人在网上买的是衣服、食品、鞋袜等日常用品，而且价格一般在 300 元以下；但是男人在网上买的却是电子产品、家具、名牌运动鞋等高价商品。

   A. 在网上买东西很方便
   B. 女人不喜欢在网上买衣服
   C. 男人喜欢在网上买日常用品
   D. 男人在网上买东西花的钱更多

2. 昨天我参加了一次朋友的聚会，菜一上来，我刚想动筷子，一位朋友说："别动，让我拍张照片！"我只好停下了筷子。那位朋友刚拍完，另一位朋友说："我也得拍一张，给朋友秀一下。"等朋友们都拍完了，菜也凉了，我也没有了品尝美味的心情。

   A. 昨天我请朋友们品尝了美味
   B. 吃饭前我给朋友们拍照片
   C. 吃饭前朋友们都先给菜拍照片
   D. 昨天我高兴地品尝了各种美味

第2单元

精读篇

中国人认为孝顺很重要。父母年老的时候，子女应该在老人身边照顾他们的生活。但是，课文中的三个儿子和儿媳妇却并不孝顺，于是老人想出了一个办法……

读前准备

1. 在你们国家，老年人主要靠什么生活？

A. 儿子	B. 存款	C. 养老金	D. 女儿
E. 老人院	F. 退休金	G. 保险金	H. 其他

2. 中国过去有一种说法，叫"养儿防老"，你知道是什么意思吗？

儿子不如[1]石头

阅读要求：约460字，阅读时间8分钟，答题时间15分钟。

从前，有一对夫妇[2]生了三个儿子。他们生活很苦，好不容易才把儿子养[3]大，又给他们娶[4]了媳妇[5]。两位老人年纪[6]渐渐[7]大了，不能劳动[8]了，又没有存[9]下钱，儿子和儿媳妇对他们很不好。不久，老太太就气死了。

1. 不如（动）bùrú not as good as
2. 夫妇（名）fūfù husband and wife
3. 养（动）yǎng support; bring up
4. 娶（动）qǔ take a wife
5. 媳妇（名）xífù wife
6. 年纪（名）niánjì age
7. 渐渐（副）jiànjiàn gradually
8. 劳动（动／名）láodòng work; labour
9. 存（动）cún save

后来，老头儿想了一个主意[10]。他把三个儿子叫来，对他们说："我现在老了，说不定哪一天就要去见你们的妈妈了，但是，有一件事我一定要做。"

儿子们问："什么事？"

老人说："在很远的地方，有个人向我借了很多钱，一直没有还。我要去找他，把钱要回来。"

儿子们一听是去要钱，就高兴地说："您快去吧！"

过了些日子，老人回来了。他租[11]了两头驴[12]，一头自己骑着，一头驮[13]着一只大箱子[14]。儿子们一见，争先恐后[15]地去搬箱子，箱子很沉。老人说："把箱子抬[16]到我的床下，我死以前，谁也不许动这个箱子。"

从此以后，儿子、儿媳妇对老人的态度[17]完全变了。他们给老人做好吃的，还常常跟老人一起聊天、散步。

几年以后，老人死了。儿子、儿媳妇都去抢[18]床下的箱子。他们打开箱子一看，里面根本[19]没有钱，满[20]满的都是石头，石头下面还压[21]着一张纸条[22]，上边写着："儿子不如石头！"

10. 主意（名）zhǔyi idea

11. 租（动）zū rent

12. 驴（名）lǘ donkey

13. 驮（动）tuó carry on one's back

14. 箱子（名）xiāngzi case; box

15. 争先恐后 zhēngxiān-kǒnghòu fall over each other to do sth.

16. 抬（动）tái carry (two or more persons)

17. 态度（名）tàidù attitude; manner

18. 抢（动）qiǎng scramble

19. 根本（副）gēnběn at all

20. 满（形 / 动）mǎn full, filled; fill

21. 压（动）yā press

22. 纸条（名）zhǐtiáo slip of paper

语言点

一、还（hái/huán）

一般来说，一个汉字只有一个读音。但是有一些汉字有两个或者两个以上的读音，这样的汉字叫"多音字"，比如"我在图书馆借了一本书，还（hái）没有还（huán）"。

◆ 写出下列各句中加点字的正确读音。

1. A. 教室离宿舍很近，上课很方便。（　　）

   B. 学校食堂的菜比外面卖得便宜。（　　）

2. A. 祝大家新年快乐，身体健康。（　　）

B. 我一听就知道这是中国音乐。 （ ）

3. A. 很多老人有睡午觉的习惯。 （ ）

B. 你觉得我穿这件衣服怎么样？ （ ）

二、满满的

汉语中表示事物性质的单音节形容词A可以重叠为AA。AA可以做状语（其后加“地”）、补语（其后加“的”），表示程度深，如“他满满地倒了一杯酒”“他把书包装得满满的”。AA 可以做定语（其后加“的”），做定语时一般不表示程度深，但描写作用很强，而且多表示喜爱。如“小女孩长长的头发、大大的眼睛，很可爱”。此外，AA 有时也做谓语（其后加“的”），具有描写作用，而且其前面不能再用表示程度的副词（“很”“非常”等），如“这种酒甜甜的，很好喝”。

◆ 选择合适的词语填空。

A. 轻轻　　B. 远远　　C. 胖胖　　D. 静静

1. 孩子睡着了，妈妈________地关上房门，走了出去。

2. 房间里________的，一点儿声音也没有。

3. 女儿举着两只________的小手，向爸爸跑去。

4. “妈妈，看我，我要把球扔得________的！”

读后练习

一、根据课文，回答问题。

1. 开始的时候，儿子和儿媳妇对老人的态度怎么样？为什么？

2. 后来，儿子和儿媳妇对老人的态度怎么样？为什么？

二、根据课文，判断正误。

1. 为了把三个儿子养大，给他们娶媳妇，这对夫妇过得很辛苦。 （ ）

2. 有个人向老人借了很多钱，但是一直没有还。 （ ）

3. 老人骑着驴，带着箱子去找那个人要钱。 （ ）

4. 老人不让儿子们在他死以前打开箱子。 （ ）

5. 老人死后，儿子们发现箱子里只有一张纸条。 （ ）

三、根据课文，选择加点词语的正确解释。

1. 他们生活很苦，好不容易才把儿子养大

A. 非常容易　B. 多么容易　C. 很不容易　D. 很是容易

2. 不久，老太太就气死了

A. 非常生气　B. 生气极了　C. 气病了　D. 因为生气死了

3. 儿子们一见，争先恐后地去搬箱子

A. 然后　B. 抢着　C. 担心　D. 先后

4. 箱子很沉

A. 大　B. 黑　C. 重　D. 贵

5. 我死以前，谁也不许动这个箱子

A. 不可以　B. 不可能　C. 不愿意　D. 不打算

四、选择与句子中加点词语意思相同的一个。

1. 有个人向我借了很多钱，一直没有还。

A. 下午我去图书馆还书。　B. 你喝咖啡还是喝茶？
C. 请问，您还要点儿什么？　D. 我的作业还没有写完呢！

2. 我死以前，谁也不许动这个箱子。

A. 你们班的老师是谁？　B. 这是谁的书？
C. 好像谁还没交作业。　D. 谁也不知道他去哪儿了。

五、根据课文，选择正确答案。

1.“说不定哪一天就要去见你们的妈妈了”的意思是：

A. 我很想去看望你们的妈妈　B. 我知道你们的妈妈走了好几天了
C. 我也不知道你们的妈妈去哪儿了　D. 像你们的妈妈一样，有一天我也会死的

2. 下面哪一项与课文内容不符？

A. 这位老人总是说谎　　B. 老人为了儿子很辛苦
C. 老人的儿子不孝顺　　D. 老人的主意成功了

六、根据课文，按照故事发生的顺序，给下面的句子排序。

1 老人对儿子们说他以前借给一个人很多钱。
__ 老人在箱子里放上石头和纸条。
__ 老人让儿子们把箱子搬到床下。
__ 老人用驴驮着箱子回家。
__ 老人假装去很远的地方找那个人要钱。
__ 老人告诉儿子们："我死以前不许动箱子。"

七、联系课文，小组讨论下面问题。

1. 儿子发现箱子里都是石头以后，会怎么办呢？看完纸条以后，他们会怎么想呢？请你讲讲下面的故事。
2. 课文中的子女对老人不好，很不孝顺，你怎么看中国人的"孝顺"？你对孝顺的认识是什么？

泛读篇

1. 画蛇[1]添[2]足

阅读要求：约 230 字，阅读时间 4 分钟，答题时间 10 分钟。

古时候，有个贵族①请他的门客②们喝酒。门客很多，可贵族只给了一壶[3]酒。一壶酒只够[4]一个人喝，怎么办呢？

1. 蛇 shé
2. 添 tiān
3. 壶 hú
4. 够 gòu

① 贵族：古代享有特权的上层社会的人。
② 门客：古代贵族家里养的帮忙的人，有的帮助出主意，有的帮助保护贵族。

门客们想了一个办法：他们比赛画蛇，谁先画好，谁就喝这壶酒。

有一个门客先画好了蛇。他左手拿起酒壶，右手却继续[5]画，还得意洋洋[6]地说："我再给蛇添上几只脚吧！"

没等他把脚画完，另一个门客已经把蛇画好了。那个门客一把抢过酒壶，说："蛇没有脚，你给它画上脚，还是蛇吗？"说完，他一口气把壶里的酒喝光了。

蛇本来没有脚，先画好蛇的人给蛇添了脚，就不是蛇了，当然就不应该喝酒了。

5. 继续 jìxù
6. 得意洋洋 déyì-yángyáng

一、根据课文，判断正误。

1. 贵族给门客们每人一壶酒。 (　)
2. 大家决定让先画好蛇的门客喝酒。 (　)
3. 门客们左手拿着酒壶，右手画蛇。 (　)
4. 先画好蛇的门客一边喝酒一边给蛇画脚。 (　)
5. 第二个画好蛇的门客喝了那壶酒。 (　)

二、选择与句子中加点词语意思相同的一个。

1. 那个门客一把抢过酒壶。

A. 请把手机关上。　　B. 桌子前边有一把椅子。
C. 警察一把抓住了小偷。　　D. 千万别把我忘了。

2. 他一口气把壶里的酒喝光了。

A. 光太强了，眼睛很不舒服。
B. 他半个月就花光了一个月的生活费。
C. 每个月光房费就要 3000 多块。
D. 欢迎光临，请问，您需要点儿什么？

三、根据课文，选择正确答案。

1. "谁先画好，谁就喝这壶酒"的意思是：

A. 画得好的人可以喝这壶酒　　B. 谁先画完，谁先开始喝酒

C. 先画完的人可以喝这壶酒　　D. 大家都画好以后才能喝酒

2.“画蛇添足”这个成语主要告诉我们什么？

A. 做事不能太认真　　B. 不应该做多余的事情

C. 多做事情，才有好处　　D. 做事时要多想想别人

2. 用数学知识[1]买瓜

阅读要求：约 350 字，阅读时间 6 分钟，答题时间 10 分钟。

有一次，数学家王先生和太太去买西瓜。这个人卖西瓜不称[2]重量[3]，按大小卖。大瓜 30 块一个，小瓜 10 块一个。看到大瓜小瓜的大小差不了多少，大家都抢着买小瓜。王太太也想买小的。

王太太说：“买小的吧，大的比小的大不了多少，可是价格却比小的贵两倍[4]呢！”

王先生说：“买大的，买大的比买小的值[5]。”

王太太不太明白，王先生笑笑说：“你吃西瓜吃的是什么？吃的是容积[6]，不是面积[7]。小瓜的半径[8]是大瓜的三分之二①，可容积还不到大瓜的百分之三十②，当然买大的了。”

王太太说：“不对，大瓜皮[9]厚[10]，小瓜皮薄[11]，还是买小的值。”

王先生摇[12]了摇头，说：“你别忘了，三个小瓜有三个瓜皮，大瓜只有一个瓜皮，当然大瓜好。”

王太太说：“我不管[13]了，听你的，买大的吧！”

于是[14]，两个人买了一个大瓜抱着走了。旁边的人都听得目瞪口呆[15]。

1. 知识 zhīshi
2. 称 chēng
3. 重量 zhòngliàng
4. 倍 bèi
5. 值 zhí
6. 容积 róngjī
7. 面积 miànjī
8. 半径 bànjìng
9. 皮 pí
10. 厚 hòu
11. 薄 báo
12. 摇 yáo
13. 管 guǎn
14. 于是 yúshì
15. 目瞪口呆 mùdèng-kǒudāi

① 三分之二：“……分之……”表示分数，“三分之二”写作“2/3”。
② 百分之三十：“百分之……”表示百分数，“百分之三十”写作“30%”。

一、根据课文，判断正误。

1. 王先生和他的太太都是数学家。 （ ）

2. 大西瓜的价格是小西瓜的三倍。 （ ）

3. 一个大西瓜比三个小西瓜的容积大。 （ ）

4. 一个大西瓜的瓜皮比三个小西瓜的瓜皮多。 （ ）

5. 王太太和旁边的人都觉得王先生很聪明。 （ ）

二、根据课文，选择句子的正确解释。

1. 大瓜小瓜的大小差不了多少。

A. 大瓜和小瓜一样大。　B. 大瓜比小瓜大得多。
C. 大瓜只比小瓜大一点儿。　D. 大瓜不比小瓜大。

2. 买大的比买小的值。

A. 买大的没有买小的好。　B. 买大的比买小的好。
C. 买大的不如买小的。　D. 买大的和买小的一样。

3. 小瓜……容积还不到大瓜的百分之三十。

A. 小瓜的容积比大瓜的 30% 小。　B. 小瓜的容积是大瓜的 30%。
C. 小瓜的容积比大瓜的 30% 大。　D. 小瓜的容积只有大瓜的 30%。

4. 我不管了，听你的。

A. 我听不懂，你帮我听一下。　B. 我不明白，你再说一遍。
C. 你的办法太好了，就这么办。　D. 我没意见，按你说的办。

5. 旁边的人都听得目瞪口呆。

A. 旁边的人听了都很吃惊，呆住了。　B. 旁边的人听了都很生气。
C. 旁边的人听了都很担心。　D. 旁边的人听了都很高兴。

三、联系课文，小组讨论下面问题。

1. 你觉得王先生说的有道理吗？说一个数学知识在生活中应用的例子。

2. 请你讲一件买东西的趣事。

单元练习

一、朗读句子，注意词语的用法。

1. 不如

我的汉语不如你说得好。
姐姐不如妹妹漂亮。
自己开车去容易堵车，还不如坐地铁呢。

2. 渐渐

雨渐渐小了。
孩子们渐渐长大了。
我渐渐适应了北京的生活。

3. 说不定

今天说不定会下雨，你带上雨伞吧。
别等了，说不定她今天不来了。
你试试，说不定能考上。

4. 不许

公共汽车上不许吸烟。
这个路口不许左转。
不许动，把手举起来。

5. 根本

我根本不认识他。
她根本没去过中国。
你说得太快了，我根本听不懂。

6.……比……+ 形容词 + 不了多少

哥哥比弟弟高不了多少。
这件大衣比那件大衣贵不了多少。
这条路比那条路近不了多少。

二、给下面的汉字注上拼音，然后选择填空。

养　　抢　　抬　　存　　搬　　租　　压　　添　　称　　值

_____ _____ _____ _____ _____ _____ _____ _____ _____ _____

1. 上课的时候，学生们都______着回答问题。
2. 你试试，“日”字______一笔，能变成哪些汉字？
3. 现在的年轻人不喜欢______钱，挣多少花多少。
4. 我已经很久没有______体重了。
5. 妈妈一个人把我和弟弟______大，很辛苦。
6. 买名牌太贵了，我觉得不______。
7. 我们用了很大力气才把这个箱子______上楼。
8. 字典下面______着一张纸条。
9. 这个房子不是我买的，是我______的。
10. 我现在住的地方离公司太远，我打算______到近一点儿的地方。

三、给下面的词语注上拼音，然后选择填空。

劳动　态度　根本　纸条　比赛　继续　重量　年纪　媳妇　面积

_____ _____ _____ _____ _____ _____ _____ _____ _____ _____

1. 这家饭店的服务员______都很好。
2. 她经常卖西瓜，不用称就能知道每个瓜的大概______。
3. 我的房间______不大，可是很漂亮。
4. 他这个人经常说谎，他说的话，我______不相信。
5. 我们休息了一会儿，又______往山上爬。
6. 爷爷奶奶______大了，不能______了。
7. 儿子已经四十岁了，还没有娶______，父母很着急。
8. 考试的时候，他把答案写在______上给同桌，被老师发现了。
9. 我们______，看谁跑得快。

四、选择填空。

1. 我的汉语说得______你，你是怎么练习口语的？

   A. 不如　　　　B. 没有

2. 我排了很长时间，______才买到票。

   A. 很容易　　　　B. 好不容易

3. 春天到了，天气______暖和起来了。

   A. 常常　　　　B. 渐渐

4. 你的______不错，就这么定了。

   A. 主意　　　　B. 意思

5. 别等了，______他已经自己去了。

   A. 不一定　　　　B. 说不定

6. 按照我国法律，十八岁以下的人______喝酒。

   A. 不许　　　　B. 也许

7. 我______打算今天去爬山的，可谁知下雨了。

   A. 根本　　　　B. 本来

8. 这两个箱子的重量______多少。

   A. 差不了　　　　B. 大不了

HSK 拓展训练

一、请选出正确答案。

筷子是中国、日本、韩国的传统______具，到今天已经有 3000 多年的______了。中国、日本、韩国的筷子各不相同。中国筷子后方前圆，多______木头和竹子制成；日本筷子头很______，吃鱼很方便；韩国筷子大多是钢制的，又扁又细，这是因为，韩国人多吃盖饭，一般用勺子吃，筷子只是用来______泡菜的。

1. A. 餐	B. 工	C. 用	D. 吃
2. A. 文化	B. 历史	C. 流行	D. 交流
3. A. 从	B. 在	C. 把	D. 用
4. A. 大	B. 粗	C. 尖	D. 圆
5. A. 拿	B. 夹	C. 加	D. 挑

二、请选出与短文内容一致的一项。

1. 要价 150 万元的不是房子，也不是汽车，而是一个 7 个“8”连号的手机号。张先生是 1xx58888888 手机号的主人，他表示，这个号码是他三年前买的，当时花了 50 万，现在虽然要价 150 万，但他还是有点儿舍不得卖，因为他实在太喜欢这个号码了。

   A. 张先生的手机号要卖 150 万元
   B. 张先生的手机号是 8888888
   C. 张先生的手机打算卖 150 万元
   D. 张先生不喜欢他的手机号

2. 今天傍晚，本市有小雨，受连续降雨的影响，气温略有下降，最高气温 28 度，最低气温 19 度，东南风 3 ～ 4 级。明天小雨转阴，东南风 3 ～ 4 级，最高气温 31 度，最低气温 23 度。到了后天，天气转晴，东北风 4 ～ 5 级，最高气温 24 度，最低气温 15 度。

   A. 今天、明天、后天都有雨
   B. 今天、明天、后天都刮东南风
   C. 明天的气温比今天高
   D. 后天天气晴，气温上升很快

第3单元

精读篇

俗话说“人多力量大”，但是有时候人越多，事情反而越做不好，因为每个人都想自己少做，让别人多做。课文中的“三个和尚”就是这样，后来一场大火让他们明白了：只有大家一起努力，才能把事情做好。

读前准备

1. 下面这些中国有名的佛教寺庙，你听说过哪些？说一说它（们）的特点或故事。

① 少林寺 ② 白马寺 ③ 灵隐寺 ④ 寒山寺
⑤ 卧佛寺 ⑥ 雍和宫 ⑦ 法门寺 ⑧ 报国寺

2. 你认为大家一起做一件事时，最重要的是什么？

三个和尚

阅读要求：约 430 字，阅读时间 7.5 分钟，答题时间 15 分钟。

从前，有一座山，山上有一座庙，庙里有个小和尚。他每天一大早就用扁担[1]挑[2]着两只水桶下山去打水，把庙里的水缸[3]装[4]得满满的，然后打扫寺庙[5]，烧香[6]念经[7]，生活得安稳[8]自在。

不久，庙里又来了一个高个子和尚。他一到庙里，就把缸里的水喝了一半。小和尚叫他去挑水，高和尚心想：一个人去挑水，太吃亏[9]了！

1. 扁担（名）biǎndan carrying pole
2. 挑（动）tiāo tote with a carrying pole
3. 缸（名）gāng vat; crock
4. 装（动）zhuāng put into
5. 寺庙（名）sìmiào temple
6. 烧香（动）shāo xiāng burn joss sticks
7. 念经（动）niàn jīng chant scripture
8. 安稳（形）ānwěn stable; peaceful
9. 吃亏（动）chī kuī suffer losses

高和尚让小和尚跟他一起下山去抬水。两个人只能抬一桶水，而且水桶必须放在扁担的中间，两人才不会争吵[10]。庙里的水缸最多只有半缸水，不过他们总算还有水喝。

后来，又来了一个胖和尚。他想喝水，可正巧缸里没有水。小和尚和高和尚就叫他自己去挑，胖和尚挑来水，一个人喝光了。

缸里的水干[11]了，可是三个和尚你让我去，我让他去，谁也不去挑水，结果他们只能渴着。

三个和尚各念各的经，各敲[12]各的木鱼[13]。夜里老鼠出来偷[14]吃供品，三个和尚谁也不管。结果老鼠打翻[15]了蜡烛台[16]，庙里着了大火[17]。三个和尚一起到山下打水，拼命扑灭[18]了大火。

从此，三个和尚齐心协力[19]，庙里的香客越来越多，庙也越来越兴旺[20]了。

10. 争吵（动）zhēngchǎo quarrel; wrangle

11. 干（形）gān waterless; empty
12. 敲（动）qiāo knock; beat
13. 木鱼（名）mùyú wooden fish
14. 偷（动）tōu steal
15. 翻（动）fān overturn
16. 蜡烛台（名）làzhútái candlestick
17. 着火（动）zháo huǒ catch fire
18. 扑灭（动）pūmiè put out
19. 齐心协力 qíxīn-xiélì work as one
20. 兴旺（形）xīngwàng flourishing

语言点

一、挑水、抬水

“挑”是把东西挂在扁担两边，用肩膀担着；“抬”是两个人或多个人一起搬。在英语里用同一个动词表达的意思，在汉语里可能会因为工具、方式或对象不同，而使用不同的动词，如“play basketball/ 打篮球”“play football/ 踢足球”“play chess/ 下棋”等。使用这类动词时，一定要注意动词和宾语的搭配。

◆ 体会“送 / 发 / 寄”“闭 / 合 / 关”的区别，并选择填空。

1. 妈妈给我______了一个大包，邮局说不能______到宿舍，让我自己去邮局取。
2. 我给你______了一封电子邮件，你收到了吗？
3. 风太大了，我们把窗户______上吧。
4. 请大家______上书，______上眼睛休息一下。

二、吃亏

“吃亏”的意思是“受到损失或者处于不利的地位”，如“决不能让好人吃亏”“找工作时，他吃了英语不好的亏”。汉语中有很多跟“吃”有关的俗语，常见的有“吃老本、吃醋、吃香、吃闲饭”等。

◆ 不查词典，试着将下面俗语与意思连起来。

1. 吃醋
2. 吃香
3. 吃老本
4. 吃闲饭

A. 只吃饭不做事。
B. 靠以前的知识、本领等过日子。
C. 受欢迎。
D. 嫉妒别人，多指男女感情。

读后练习

一、根据课文，回答问题。

1. 小和尚一个人的时候怎么打水？水缸里有多少水？
2. 高和尚和小和尚怎么打水？水缸里有多少水？
3. 胖和尚来了以后，三个和尚怎么打水？水缸里有多少水？

二、根据课文，判断正误。

1. 小和尚一个人的时候每天都挑水、打扫、烧香、念经。 （ ）
2. 胖和尚帮大家挑过一次水，后来就不挑了。 （ ）
3. 三个和尚让老鼠随便吃他们的饭菜。 （ ）
4. 庙里着火是因为老鼠打翻了蜡烛台。 （ ）
5. 大火扑灭以后，和尚们才睡醒。 （ ）

三、根据课文，选择加点词语的正确解释。

1. ……生活得安稳自在

A. 独立自信　　B. 只管自己　　C. 自由舒服　　D. 自己正在

2. 庙里的水缸最多只有半缸水，不过他们总算还有水喝

A. 一共　B. 打算　C. 还算　D. 总是

3. 小和尚和高和尚就叫他自己去挑

A. 说　B. 把　C. 问　D. 让

4. 夜里老鼠出来偷吃供品，三个和尚谁也不管

A. 给神佛的食物　B. 给皇帝的物品
C. 给和尚的食物　D. 庙里的物品

5. 三个和尚一起到山下打水，拼命扑灭了大火

A. 认认真真　B. 十分小心
C. 用尽全力　D. 失去了生命

6. 庙里的香客越来越多了，庙也越来越兴旺了

A. 在庙里买香的人　B. 住在庙里的人
C. 来庙里烧香的人　D. 受欢迎的客人

四、选择与句子中加点词语意思相同的一个。

1. 缸里的水干了……

A. 为我们的友谊干杯。
B. 你昨天下午干什么去了？
C. 这棵树的树干很粗。
D. 洗衣机洗得不干净，用手洗吧。

2. 结果老鼠打翻了蜡烛台，庙里着了大火。

A. 我把课文翻成了英语。
B. 我在书包里翻了半天，才找到学生证。
C. 我翻了翻，这本小说写得还不错。
D. 小心，小心！别把汤打翻了。

五、根据课文，选择正确答案。

1. 高和尚和小和尚常常为什么争吵？

A. 扁担不在水桶中间
B. 水桶不在扁担中间

C. 水桶不在扁担上
D. 扁担放在水桶上

2. “三个和尚各念各的经，各敲各的木鱼”的意思是：

A. 三个和尚一起念经，一起敲木鱼
B. 三个和尚有的念经，有的敲木鱼
C. 三个和尚不一起念经、敲木鱼
D. 三个和尚都不再念经、敲木鱼了

3. 下面哪一项与课文内容不符？

A. 每个人都想自己少做，让别人多做
B. 齐心协力才能把事情做好
C. 有时候一个人反而能把事情做好
D. 和尚们的生活很苦，连喝的水都没有

六、联系课文，小组讨论下面问题。

“一个和尚挑水喝，两个和尚抬水喝，三个和尚没水喝”，在生活中你见过哪些类似的现象？

泛读篇

1. 弄巧成拙[1]

阅读要求：约 260 字，阅读时间 4.5 分钟，答题时间 10 分钟。

国王要选驸马[2]，方法是让候选者[3]比赛，第一名不仅可以娶他的女儿，还可以得到一大笔钱。比赛那天，所有候选者都被带到一个放满鳄鱼[4]的水池[5]旁边。

国王先让人把一头狮子[6]放到水池里，不一会儿，狮子就被鳄鱼吃得只剩[7]骨头[8]了。

国王这时高声说道：“谁第一个游过去，我就把

1. 弄巧成拙 nòngqiǎo-chéngzhuō
2. 驸马 fùmǎ
3. 候选者 hòuxuǎnzhě
4. 鳄鱼 èyú
5. 水池 shuǐchí
6. 狮子 shīzi
7. 剩 shèng
8. 骨头 gǔtou

我的女儿嫁[9]给他！”国王的话刚说完，只听“啪”的一声，一个年轻人跳进了水池，他游得飞快，不一会儿就游到了对岸[10]。

年轻人爬上岸以后，国王高兴地走过去，对他说：“你真勇敢[11]！你就是我的驸马了。”

年轻人气急败坏[12]地问：“但是，我现在要知道的是，刚才是哪个混蛋[13]把我推下去的！”

9. 嫁 jià

10. 对岸 duì'àn

11. 勇敢 yǒnggǎn

12. 气急败坏 qìjí-bàihuài

13. 混蛋 húndàn

一、根据课文，判断正误。

1. 狮子不小心掉到鳄鱼池里，被吃掉了。 (　　)
2. 年轻人勇敢地跳进水池，飞快地游到了对岸。 (　　)
3. 国王说要把自己的女儿嫁给那个年轻人。 (　　)
4. 年轻人想知道是谁把他推进了水池。 (　　)

二、根据课文，选择加点词语的正确解释。

1. 国王要选驸马

A. 有钱的男人　　B. 国王女儿的丈夫
C. 国王的妻子　　D. 勇敢的年轻人

2. 方法是让候选者比赛

A. 参选的人　　B. 选上的人　　C. 参赛的人　　D. 取胜的人

3. 不一会儿，狮子就被鳄鱼吃得只剩骨头了

A. 不是一会儿　　B. 等一会儿　　C. 很长时间　　D. 不到一会儿

4. 年轻人气急败坏地问：“但是，我现在要知道的是，……”

A. 非常吃惊　　B. 非常害怕　　C. 又气又急　　D. 非常紧张

三、根据课文，选择正确答案。

1. 什么样的人可以做驸马？

A. 有一大笔财富的人
B. 参加比赛取胜的人
C. 游泳游得飞快的人
D. 国王女儿喜欢的人

2. “弄巧成拙”这个成语的意思是：

A. 故意用假的东西骗人
B. 本以为是好办法，结果却坏了事
C. 本来是假货，结果却被当成了真货
D. 假的东西做得跟真的一样，让人分不清真假

3. 课文里“弄巧成拙”的人是谁？

A. 国王的女儿　　B. 游过水池的人
C. 把年轻人推进水池的人　　D. 以上三个人

2. 此地无银三百两[①]

阅读要求：约 300 字，阅读时间 5 分钟，答题时间 10 分钟。

从前有一个叫张三的人，好不容易存了三百两银子[1]。他担心银子被偷了，就把银子埋[2]在自己家的院子[3]里。埋好以后，他还是觉得不安全[4]，于是就在上面插[5]了一块牌子[6]，牌子上写着“此地无银三百两”，他以为这样会更安全。

没想到，这一切[7]都被隔壁[8]的王二看到了。这天，王二看到张三出门了，就偷偷地把银子挖[9]了出来。他怕张三发现是自己偷了银子，就在牌子上写上“隔壁王二不曾[10]偷”，然后带着银子高高兴兴地回家了。

张三回来，发现银子不见了，很生气，又看了看牌子，忽然[11]很得意[12]地说：“我知道银子是谁偷的了。”

于是，张三在村子[13]里边走边大喊[14]：“村子里的人听着，除了王二以外，你们都是小偷，快把我的银子还给我！”

1. 银子 yínzi
2. 埋 mái
3. 院子 yuànzi
4. 安全 ānquán
5. 插 chā
6. 牌子 páizi
7. 一切 yíqiè
8. 隔壁 gébì
9. 挖 wā
10. 曾 céng
11. 忽然 hūrán
12. 得意 déyì
13. 村子 cūnzi
14. 喊 hǎn

① 两：中国常用的重量单位。

一、根据课文，判断正误。

1. 张三很有钱，非常容易地存了三百两银子。（　）
2. 为了安全，张三把银子埋在了院子里。（　）
3. 王二听说张三的院子里埋着银子。（　）
4. 王二不但偷走了银子，还偷走了牌子。（　）
5. 张三告诉村子里的人王二是小偷。（　）

二、根据课文，选择句子的正确解释。

1. 此地无银三百两。

A. 这里是三百两银子。　B. 这块地卖三百两银子。
C. 这里的银子不到三百两。　D. 这里没有三百两银子。

2. 隔壁王二不曾偷。

A. 王二的邻居是小偷。　B. 邻居王二没有偷过。
C. 邻居王二偷了银子。　D. 王二的邻居没有偷。

3. 除了王二以外，你们都是小偷。

A. 你们都是小偷，只有王二不是小偷。
B. 王二是小偷，你们也是小偷。
C. 王二是小偷，你们都不是小偷。
D. 除了王二以外，你们也是小偷。

三、根据课文，选择正确答案。

1.“此地无银三百两”是什么意思？

A. 越有钱的人越笨
B. 想不让人知道，结果反而让人知道了
C. 越聪明的人，越常做笨的事情
D. 有时候聪明的人也会做笨的事情

2. 课文中哪个做法很笨？

A. 张三在牌子上写“此地无银三百两”
B. 王二偷银子后留言“隔壁王二不曾偷”
C. 张三根据留言判定王二不是小偷
D. 以上三项都是

单元练习

一、朗读句子，注意词语的用法。

1. 一……就……

开车很简单，一学就会。
你一到北京，就马上给家里打个电话。
他一听就急得大哭起来。

2. 总算

这次考试，成绩总算还不错。
宿舍条件不太好，但总算干净。
主任对我的工作总算还满意。

3. 结果

他学习不努力，结果没通过考试。
出门时我忘了带伞，结果赶上了大雨。
他穿得太少，结果冻感冒了。

4. 各……各的……

考试的时候，请大家各答各的试题，不要看别人的。
我们分手吧，从今天起，各走各的路。
两个人各有各的道理，谁也说服不了谁。

5. 不仅……，还……

她不仅聪明，还很漂亮。
这件衣服不仅好看，还很便宜。
文化课不仅能学到知识，还很有意思。

6. 于是

麦克在网上认识了一个北京女孩，于是决定去北京留学。
我们都喜欢运动，也都在学汉语，于是很快成了朋友。
他刚出门，就发现忘了带手机，于是又回去拿。

二、给下面的汉字注上拼音，然后选择填空。

插　　偷　　挖　　念　　管　　剩　　挑　　敲　　装　　选

_____　_____　_____　_____　_____　_____　_____　_____　_____　_____

1. 我们______他当班长。
2. 农民把土豆从地里______了出来。
3. 这个箱子里______的是什么？为什么这么重？
4. 大学毕业以后，我打算继续______研究生。
5. 这个学生上课打手机，老师______他，他还不听。
6. 昨天在街上，我的钱包被人______走了。
7. 我们把花儿______在花瓶里吧。
8. 菜点多了，______下了很多，打包带回家吧。
9. 小和尚一个人______水，虽然很辛苦，可是很快乐。
10. 我______了半天门，也没有人开门。

三、给下面的词语注上拼音，然后选择填空。

争吵　勇敢　吃亏　总算　兴旺　安稳　正巧　得意　忽然　安全

_____　_____　_____　_____　_____　_____　_____　_____　_____　_____

1. 个子不高的人打篮球比较______。
2. 下了几天的雨，天______晴了。
3. 我给小张打电话，______他也准备打给我。
4. 你们不要______了，还是想想问题怎么解决吧。
5. 通过辛勤的劳动，小店越来越______了。
6. 这么晚了，女孩子一个人出去不______。
7. 听到老师表扬他学习有进步，孩子______地笑了。
8. 看到有人落水，他______地跳下去救人。
9. 刚才她还高高兴兴的，怎么______生气了？
10. 大学一毕业他就找到了一份满意的工作，过上了______的生活。

四、选择填空。

1. 有的大学生______下课______去打工，根本没时间学习。

   A. 先……然后…… B. 一……就……

2. 放学后，他先写作业，______高高兴兴地找朋友玩儿去了。

   A. 然后 B. 后来

3. 去年这里通了飞机，______就更方便了。

   A. 从前 B. 从此

4. 大家一起努力，不一会儿______把房间打扫干净了。

   A. 就 B. 才

5. 大学毕业后，他在北京没找到工作，______就回老家了。

   A. 于是 B. 可是

6. 我______你去旅行了，原来你没去啊。

   A. 认为 B. 以为

7. 两天前，这里______发生过一起严重的交通事故。

   A. 曾 B. 将

8. ______汉语以外，小王还会说日语和英语。

   A. 除了 B. 为了

HSK 拓展训练

一、请选出正确答案。

北京______的胡同三千六，没名儿的胡同______不清。“胡同”这个词来自蒙古语，是“水井”的______。北京的胡同名很有意思：大雅宝胡同原来叫大哑巴胡同，是因为胡同里______住过一个哑巴；高义伯胡同原来叫狗尾巴胡同，是因为胡同的______有点儿像狗尾巴。

1. A. 知道	B. 还有	C. 经常	D. 有名
2. A. 数	B. 听	C. 看	D. 记
3. A. 意义	B. 样子	C. 意思	D. 地方
4. A. 经常	B. 曾经	C. 已经	D. 现在
5. A. 主人	B. 房子	C. 颜色	D. 形状

二、请选出与短文内容一致的一项。

1. 小丽特别喜欢在网上买衣服，而且总能找到买的理由。那天，小丽又买了一件宽松的风衣，她说：“黑色是永远的流行色，能穿很多年，而且胖了也可以穿。”过了一会儿，她买的一件紧身裤也到了，她说：“这件买得也合适，买了它，我就可以强制自己减肥了。”

   A. 小丽很喜欢逛商店
   B. 小丽买了黑色的宽松风衣
   C. 小丽很瘦，所以买了紧身裤
   D. 小丽在网上买的衣服很便宜

2. 孩子吃零食最好安排在两顿饭之间，以免影响孩子吃饭时的食欲。孩子每天吃零食的次数应控制在 3 次以内，零食量不宜太多。不要让孩子边看电视边吃零食，这样容易吃得过多，导致肥胖。此外，还要避免临睡前给孩子吃零食。

   A. 孩子最好在吃饭时吃零食
   B. 孩子每天可以吃 3～4 次零食
   C. 孩子一边吃零食一边看电视容易长胖
   D. 孩子应该在睡觉前吃零食

第 4 单元

精读篇

世界上的很多事情都是“说起来容易，做起来难”。有些人喜欢说空话，说大话，他们说得很漂亮，但是根本做不到。课文中的老鼠们想出了一个对付猫的办法，但是却没有老鼠敢去做。办法再好，做不到，又有什么用呢？

读前准备

1. 下面哪些是猫的特点？哪些是老鼠的特点？

A. 视力很差	B. 喵喵叫	C. 爱咬东西	D. 会挖洞
E. 眼睛很大	F. 吱吱叫	G. 爱抓东西	H. 会捕猎

2. 很多国家和民族都有有关老鼠和猫的故事，请你试着讲一个。

给猫拴[1]铃铛[2]

阅读要求：约 470 字，阅读时间 8 分钟，答题时间 15 分钟。

房子里住着一只勤劳[3]的猫和一群[4]爱偷吃的老鼠[5]。老鼠们受[6]猫欺负[7]不知多少日子了，这一天他们又聚[8]在一起商量对付[9]猫的办法。

1. 拴（动）shuān tie
2. 铃铛（名）língdang bell
3. 勤劳（形）qínláo diligent; industrious
4. 群（量）qún group; herd
5. 老鼠（名）lǎoshǔ mouse; rat
6. 受（动）shòu bear; endure
7. 欺负（动）qīfu bully
8. 聚（动）jù gather
9. 对付（动）duìfu deal with; cope with

一只大老鼠先说："我们白天躲[10]着，夜里出来，已经够小心的了，可还是免不了受猫欺负，我们一定要想个好办法，保证[11]永远[12]不再受猫的欺负，才可以安心地过日子。"

于是，这群老鼠七嘴八舌[13]地商量起来，有这样说的，有那样说的，可是这些办法总是有让人不满意的地方。

一只年轻的老鼠说道："只要[14]在猫的脖子[15]上拴一个铃铛，猫一动，我们听见铃铛的声音，就可以逃走[16]了。你们说这个办法怎么样？"这群老鼠听了，都拍[17]手叫道："太妙[18]了，真是个好主意！"老鼠们都高兴得很，觉得这样就不会再被猫欺负了。

只有一只年纪大的老鼠不言不语，不说好也不说不好。大家都问他："你不说话，是不是觉得这个办法不好啊？"年纪大的老鼠回答："这个办法好是好，但不知道谁敢[19]去把铃铛拴到猫脖子上呢？"这群老鼠听了，你看我，我看你，一句话也说不出来。

唉，这种说空话的老鼠世界上有很多，话说得好听，但是却做不到。即使[20]让那只出主意的老鼠自己去做，他也一定会想办法逃走的。

10. 躲（动）duǒ hide
11. 保证（动 / 名）bǎozhèng ensure; guarantee
12. 永远（副）yǒngyuǎn forever
13. 七嘴八舌 qīzuǐ-bāshé all talking in confusion
嘴 mouth; 舌 tongue
14. 只要（连）zhǐyào if only; as long as
15. 脖子（名）bózi neck
16. 逃走（动）táozǒu escape
17. 拍（动）pāi clap
18. 妙（形）miào yum; good
19. 敢（助动）gǎn dare
20. 即使（连）jíshǐ even if

语言点

一、群

在汉语里，数词一般不能直接与名词连用，中间要用表示事物数量的词，即量词。其中，用于个体事物的量词叫个体量词，用于由两个及以上的个体组成的事物的量词，叫集合量词。"群"是集合量词，用于聚集在一起的很多人或动物，如"一群羊、一群中学生"等。常用的集合量词有："对、双、副"表示双数，"套"表示成套的物品，"把、束"表示捆在一起的长条物品。

◆ 选择合适的量词填空。

A. 副　　B. 套　　C. 束　　D. 群

1. 这______书一共四本，我都看过。

2. 草地上有一______孩子跑来跑去。

3. 这______黑色的皮手套是谁的？

4. 今天是母亲节，我打算买一______花送给妈妈。

二、不言不语

“不言不语”的意思是“不说话”。“不～不～”主要有三种用法：A. 中间插入意思相近或相同的单音节动词，表示否定，如“不言不语、不吃不喝、不知不觉”；B. 中间插入意思相反的单音节形容词，表示正好合适，如“不冷不热、不大不小”；C. 中间插入意思相反的单音节名词或方位词，表示既不是这个也不是那个，是一种不满意的中间状态，如“不男不女、不上不下”等。

◆ 选择合适的词语填空。

A. 不知不觉　　B. 不大不小　　C. 不冷不热　　D. 不上不下

1. 北京秋天的天气______，非常舒服。

2. 时间过得真快，______我来北京已经一个月了。

3. 电梯突然坏了，停在了三层和四层之间，______的，门打不开。

4. 这件衣服______，你穿正合适，买一件吧。

■■■ 读后练习 ■■■

一、根据课文，回答问题。

1. 老鼠们常聚在一起商量什么事情？

2. 老鼠们想出的对付猫的“好办法”是什么？

3. 这个“好办法”最大的问题是什么？

二、根据课文，判断正误。

1. 虽然老鼠们非常小心，但还是会被猫欺负。（　）
2. 所有的老鼠都觉得年轻老鼠的主意非常妙。（　）
3. 年纪大的老鼠不言不语是因为他不知道这个办法好不好。（　）
4. 这群老鼠一句话也说不出来是因为他们都不敢去给猫拴铃铛。（　）
5. 老鼠们让出主意的年轻老鼠去拴铃铛，但是他逃跑了。（　）

三、根据课文，选择加点词语的正确解释。

1. 我们白天躲着，夜里出来，已经够小心的了

A. 一直小心　B. 比较小心　C. 不太小心　D. 非常小心

2. 可还是免不了受猫欺负

A. 去不了　B. 来不了　C. 少不了　D. 好不了

3. 老鼠们都高兴得很，觉得这样就不会再被猫欺负了

A. 应该高兴　B. 高兴极了　C. 高兴起来　D. 这么高兴

4. 只有一只年纪大的老鼠不言不语

A. 不会说话　B. 说不出来　C. 没有语言　D. 不说话

5. 这种说空话的老鼠世界上有很多

A. 听不明白的话　B. 没意思的话
C. 无法实现的话　D. 开玩笑的话

6. 话说得好听，但是却做不到

A. 实现不了　B. 不想去做
C. 不愿意做　D. 做不完

四、选择与句子中加点词语意思相同的一个。

1. 我们一定要想个好办法，保证永远不再受猫的欺负，才可以安心地过日子。

A. 时间过得真快，转眼我已经毕业一年了。

B. 来中国以前，我学过一年汉语。
C. 我今天早上睡过头了。
D. 过马路的时候要小心汽车。

2. 这群老鼠听了，都拍手叫道：“太妙了，真是个好主意！”

A. 这条道常常堵车，我们走别的路吧！
B. 常言道：便宜没好货，好货不便宜。
C. 听说小李正在学习茶道，真的吗？
D. 第二道题太难了，我没做出来。

五、根据课文，选择正确答案。

1.“老鼠们受猫欺负不知多少日子了”的意思是：

A. 老鼠们不知道猫会欺负他们
B. 猫欺负老鼠们已经很久了
C. 老鼠们已经习惯被猫欺负了
D. 老鼠们再也不想被猫欺负了

2.“这群老鼠听了，你看我，我看你”的意思是：

A. 老鼠们听了以后都互相看
B. 你也看老鼠，我也看老鼠
C. 老鼠们一边听一边看
D. 老鼠们听了以后都看着自己

3. 下面哪一项与课文内容不符？

A. 没有老鼠愿意去给猫拴铃铛
B. 这群老鼠里，年纪大的老鼠最聪明
C. 只有聪明的老鼠才不会受欺负
D. 有些人话说得好听，却做不到

六、联系课文，小组讨论下面问题。

“给猫拴铃铛”的主意失败了，老鼠们又会想出什么对付猫的办法呢？请你把故事继续讲下去。

泛读篇

1. 喝酒与读书

阅读要求：约 280 字，阅读时间 4.5 分钟，答题时间 10 分钟。

张三和李四是一对好朋友。一天，张三去找李四玩儿，见李四闷闷不乐[1]的，就问："瞧[2]你，出什么事了？"李四说："老师让我们写一篇[3]作文，题目[4]是《怎么过周末》。"

张三说："那还不好写，你昨天都干什么了？"

"喝酒呗[5]。"

"喝酒可不好，老师希望我们周末也好好[6]学习。我给你出个主意吧，你先照实[7]写，然后凡是[8]有'喝酒'两个字的地方都改[9]成'读书'，不就成了吗？"

李四一听，立刻[10]拿笔写了起来："我一早起来读了半本书，想了想，又把后半本也一口气读完了，可是我觉得还不够，于是又到店里去买了一本。回来的路上遇到[11]了王五，一看他的眼睛红红的，我就知道他也读得差不多了。"

1. 闷闷不乐 mènmèn-búlè
2. 瞧 qiáo
3. 篇 piān
4. 题目 tímù
5. 呗 bei
6. 好好 hǎohǎo
7. 照实 zhàoshí
8. 凡是 fánshì
9. 改 gǎi
10. 立刻 lìkè
11. 遇到 yùdào

一、根据课文，判断正误。

1. 张三去找李四时，李四正在为作文的事情担心。（　　）
2. 老师觉得学生周末也要好好学习。（　　）
3. 李四周末不但喝了很多酒，还读完了一本书。（　　）
4. 李四周末和王五一起喝了很多酒。（　　）
5. 因为看书太多，王五的眼睛都红了。（　　）

二、根据课文，选择加点词语的正确解释。

1. 李四闷闷不乐的

A. 心里很难过　　B. 心里很着急　　C. 心里很紧张　　D. 心里不高兴

2. 瞧你，出什么事了

A. 看你　　B. 你看　　C. 你说　　D. 你瞧

3. 那还不好写，你昨天都干什么了

A. 那不好写　　B. 那很好写　　C. 那好不好写　　D. 那怎么写

4. 你先照实写

A. 认真写　　B. 好好写　　C. 写事实　　D. 这样写

5. 凡是有“喝酒”两个字的地方都改成“读书”，不就成了吗

A. 如果　　B. 只要　　C. 总是　　D. 可是

6. 我就知道他也读得差不多了

A. 读得很差　　B. 很多没读　　C. 读了很多　　D. 读了多少

三、选择与句子中加点词语意思相同的一个。

1. 瞧你，出什么事了？

A. 太热了，我出了一身汗。　　B. 你给我出个主意吧。
C. 老李已经出院了。　　D. 我的电脑出毛病了。

2. 凡是有“喝酒”两个字的地方都改成“读书”，不就成了吗？

A. 这里原来是商店，现在成医院了。　　B. 这样做可不成。
C. 我的作业已经完成了。　　D. 学生人数少了一成。

四、联系课文，小组讨论下面问题。

1. 李四的周末是怎么过的？

2. 李四的作文是怎么写的？

2. 幺[1]和一

阅读要求：约 450 字，阅读时间 7.5 分钟，答题时间 10 分钟。

有个留学生去医院看病，挂了个号[2]，是“101号”。轮[3]到他时，护士叫了半天“幺零幺，幺零幺号……”，他也不知道在叫他。

1. 幺 yāo
2. 挂号 guà hào
3. 轮 lún

医院快下班了，病人们一个个都走光了，只剩下他一个人还坐在那儿。护士走过来问："先生，你怎么还不走？"他说："我的号还没有叫到呢！"护士看了看他的挂号条，说："刚才我叫了半天，你怎么不答应[4]啊？"他说："你什么时候叫我了？我没听见啊！"护士说："我叫了半天'幺零幺'，都没有人答应。"留学生说："我这是一零一呀！"护士很生气，说："'幺'就是'一'的意思，'一'就是'幺'，'幺'就是'一'，懂了吗？"

走进诊室[5]，大夫问他："你哪儿不舒服啊？"留学生是来看腰疼的，他心想："yāo"就是"yī"，"yī"应该说"yāo"，那"yāo"也就可以说"yī"了。于是，他对大夫说："我'yī'疼。"大夫觉得莫名其妙[6]，又问："'yī'疼？'yī'是哪儿啊？"留学生指[7]了指自己的腰。大夫说："这不是腰吗？怎么说是'yī'呢？"留学生大惑不解[8]地问："汉语中'腰'和'一'不是一个意思吗？"

4. 答应 dāying

5. 诊室 zhěnshì

6. 莫名其妙 mòmíngqímiào

7. 指 zhǐ

8. 大惑不解 dàhuòbùjiě

一、根据课文，回答问题。

1. 留学生挂号条上的号码是多少？护士怎么读的？

2. 留学生哪儿不舒服？他对大夫怎么说的？

二、根据课文，判断正误。

1. 因为护士没有叫留学生的号，所以他一直等到最后。（ ）
2. 护士告诉留学生，"幺"就是"一"的意思。（ ）
3. 留学生告诉大夫腰疼，大夫不明白"腰"的意思。（ ）
4. "一"和"腰"这两个字都可以读"yāo"。（ ）
5. 中文"yāo"和"yī"的意思一样。（ ）

三、根据课文，选择加点词语的正确解释。

1. 轮到他时，护士叫了半天"幺零幺，幺零幺号……"，他也不知道在叫他

A. 找到　　B. 见到　　C. 遇到　　D. 等到

2. 刚才我叫了半天，你怎么不答应啊

A. 回答　　B. 同意　　C. 应该　　D. 知道

3. 大夫觉得莫名其妙

A. 很有意思　　B. 很奇怪　　C. 妙极了　　D. 不知道

4. 留学生大惑不解地问："汉语中'腰'和'一'不是一个意思吗？"

A. 非常不理解　　B. 非常生气　　C. 非常着急　　D. 非常新鲜

四、联系课文，小组讨论下面问题。

说汉语的时候，你有没有说错过？请你讲一个说错的故事。

单元练习

一、朗读句子，注意词语的用法。

1. 够

这次考试真够难的，很多同学不及格。
这次旅行够辛苦的，三天要去三座城市。
我已经够仔细了，可还是算错了。

2. 免不了

刚到中国，免不了想家。
外国人说汉语，免不了说错。
两个人住一个房间，免不了有矛盾。

3. 只要……，就……

他只要有时间，就学习汉语。
只要妈妈不在，孩子就上网聊天。
只要你不说，这个秘密就没有人知道。

4. ……得很

北京的春天风大得很。

期末考试快到了，学生们都忙得很。
现在正是上下班时间，地铁里挤得很。

5. 即使……，也……

工作太多，即使加班也做不完。
即使天气不好，他也坚持跑步。
即使很有钱，也不一定过得幸福。

6. 凡是

凡是学生，都应该按时上课。
凡是写错的汉字，都写 10 遍。
凡是第一次来北京旅行的人，一般都会去故宫和长城。

二、给下面的汉字注上拼音，然后选择填空。

聚	躲	拴	逃	拍	瞧	轮	妙	改	指
______	______	______	______	______	______	______	______	______	______

1. 你______，这只小熊猫多可爱啊。
2. 带狗出去散步时，应该把狗______起来。
3. 你好，我下午有事，能把咱们见面的时间______成晚上吗？
4. 我______着菜单上的照片，对服务员说：“就点这个。”
5. 周末，我和朋友们常常______在一起吃饭喝酒。
6. 你这个主意太______了，就按你说的办。
7. 听说小偷从后门______走了，没有抓到。
8. 小李从后面______了一下我的肩膀，吓了我一跳。
9. 一听到声音，我家的猫就______到床下边。
10. 排了很长时间，可______到我时，票卖完了。

三、给下面的词语注上拼音，然后选择填空。

永远	保证	欺负	立刻	照实	答应	空话	遇到	小心	好好
______	______	______	______	______	______	______	______	______	______

1. 早上闹钟一响，我就______起床。

2. 放心吧，我帮你排队，______能买到票。

3. 我叫了他几声，他没______，可能是睡着了。

4. 大孩子不应该______小孩子。

5. 说得出来，但是做不到，就是______。

6. 他帮了我不少忙，我得______谢谢他。

7. 妻子生气地说:“你走吧，你走了就______别回来！”

8. 他没有说谎，______回答了所有问题。

9. 真没想到会在长城上______我的美国朋友。

10. 外面在下雨，你开车一定要______。

四、选择填空。

1. 她已经______忙的了，你的事以后再说吧。

A. 够　　B. 太

2. 因为常常堵车，所以谁也______迟到。

A. 免得了　　B. 免不了

3. 听了孙子的话，爷爷哈哈大笑______。

A. 起来　　B. 下来

4. ______有时间，他就去旅行。

A. 只有　　B. 只要

5. 这个菜辣______，还是换个别的吧。

A. 得了　　B. 得很

6. ______没有钱，也可以过得很快乐。

A. 即使　　B. 虽然

7. ______学过的生词，我都会写。

A. 总是　　B. 凡是

8. 下一个问题就______我回答了，可是我还没准备好。

A. 遇到　　B. 轮到

HSK 拓展训练

一、请选出正确答案。

西方的孩子上学，学二十多个______就够了，中国的孩子却______要学两三千个汉字，这不是太辛苦了吗？其实学汉字______那么难，学会了几百个简单的基本部件以后，用它们来“拼字”就行了。比如，左边是“口”，右边是“土”，合______就是“吐”字，所以一年学会两千个汉字肯定没______。

1. A. 字母	B. 数字	C. 单词	D. 汉字
2. A. 不少	B. 多少	C. 至少	D. 最多
3. A. 有	B. 没有	C. 比	D. 不比
4. A. 上去	B. 下来	C. 出来	D. 起来
5. A. 问题	B. 意思	C. 办法	D. 意见

二、请选出与短文内容一致的一项。

1. 62 岁的老李是一个“地书迷”，两年来他每天早上都到公园练习“地书”。他的“地书笔”是自制的，笔杆长 50 厘米，笔头长 20 厘米，蘸水后重达三四公斤。退休后，老李一直坚持练习地书，所以他的身体非常棒。

   A. 老李每天早上去公园看书
   B. 老李的地书笔长 20 ～ 50 厘米
   C. 老李的地书笔重 34 公斤
   D. 老李身体好是因为坚持练习地书

2. 方便面是仅次于面包的第二大主食。去年，全球消费方便面 982 亿包，其中：中国消费了 424.7 亿包，占 43.2%，平均每秒 1300 人吃方便面，居世界第一位；印尼以 145.3 亿包排在第二位；排在第三位的是方便面的发明国日本，年消费 55.1 亿包。

   A. 方便面将会成为人类的第一大主食
   B. 中国的方便面产量居世界首位
   C. 方便面消费大国依次是中国、印尼和日本
   D. 全世界平均每秒吃掉 1300 亿包方便面

第 5 单元

精读篇

鬼到底长什么样？是很可怕，还是很漂亮？是住在黑黑的地下，还是住在水里？是一跳一跳地走，还是飘来飘去……世界上真的有鬼吗？你怕鬼吗？课文里的宋定伯走夜路遇到了鬼，但是他一点儿都不怕。

■■■ 读前准备 ■■■

1. 你觉得鬼长什么样？

①脚______　②头发______　③眼睛______　④牙齿______
⑤舌头______　⑥脸色______　⑦指甲______　⑧耳朵______

2. 几乎每个国家和民族都有与“鬼”有关的文化，说说你们国家的鬼故事。

卖鬼[1]

阅读要求：约 560 字，阅读时间 9.5 分钟，答题时间 15 分钟。

古时候，有个叫宋定伯的年轻人，走夜路遇到了鬼。他问鬼：“你是谁？”“我是鬼，你呢？”宋定伯骗他说：“我也是鬼。”鬼一听，高兴地问：“你去哪儿？”“我去集市[2]。”“太好了！我也要去集市，一起走吧！”

他们一起走了一段路，鬼说：“这么走，太累

1. 鬼（名）guǐ ghost

2. 集市（名）jíshì market; bazaar

了，我们互相背[3]着走，怎么样？”“好啊！”宋定伯欣然[4]答应了。鬼先背上了宋定伯，它奇怪[5]地问：“你怎么这么重啊？你真的是鬼吗？”宋定伯笑笑说：“我是新死的鬼，所以比较重。”过了一会儿，换成宋定伯背鬼，鬼轻得一点儿重量也没有。轮着背了几次，两人渐渐熟悉[6]起来了。

宋定伯问：“我是新鬼，对做鬼的很多事情还不太熟悉，您见多识广[7]，能不能告诉我，鬼最怕什么？”鬼想了想说：“我们鬼啊，虽然神通广大，但最怕人的口水[8]，你以后可千万小心这个！”

走着走着，他们来到一条河前。鬼从河面上飘[9]了过去，一点儿声音也没有。轮到宋定伯过河时，水哗[10]哗地响，鬼奇怪地问：“你过河为什么有声音呢？”宋定伯不好意思地说：“您别见怪[11]，我是新鬼，还没学会过河的轻功[12]呢！”

快到集市时，宋定伯突然一下把鬼扛[13]到肩[14]上，跑了起来，鬼吓[15]得大叫：“你要干什么，快放我下来！”到了集市上，宋定伯才把鬼放下来，鬼一着地，就变成一只羊想逃跑。宋定伯马上朝它吐[16]了一口口水，这样，鬼就变不回来了。宋定伯把“羊”卖了，带着钱乐呵呵[17]地回家了。

3. 背（动）bēi carry on the back
4. 欣然（副）xīnrán agreeably; gladly
5. 奇怪（形）qíguài strange
6. 熟悉（形 / 动）shúxī familiar; know well
7. 见多识广 jiànduō-shíguǎng have great experience
8. 口水（名）kǒushuǐ slaver; saliva
9. 飘（动）piāo wave to and fro; float (in the air)
10. 哗（拟声）huā the noise of water splashing
11. 见怪（动）jiànguài mind; take offence
12. 轻功（名）qīnggōng Qinggong
13. 扛（动）káng lift on shoulder
14. 肩（名）jiān shoulder
15. 吓（动）xià frighten; scare
16. 吐（动）tù spit
17. 乐呵呵（形）lèhēhē a merry laugh

语言点

一、欣然

“欣然”的意思是“高兴地、愉快地”。“然”是后缀，常用来构成副词。“竟然”表示“出乎意料，没想到”；“果然”表示“跟预想的一样”；“偶然”表示“没有事先安排的；间或、有时候”；“依然”表示“和原来一样”。

◆ 选择合适的词语填空。

A. 偶然　　B. 果然　　C. 依然　　D. 欣然

1. 我猜你在睡懒觉，你________在睡懒觉。

2. 几年没见，这里________还是老样子。

3. 我请她吃饭，她________同意了。

4. 我和我太太是在一次聚会上________认识的。

二、哗哗

“哗哗”是拟声词，形容水流动的声音或下雨的声音。拟声词是模拟声音的词，很多语言里都有拟声词，汉语也不例外。比如“喵（miāo）”形容猫叫的声音，“汪汪（wāngwāng）”形容狗叫的声音，“咩（miē）”形容羊叫的声音，“滴答滴答（dīdā dīdā）”形容水滴落下或钟表的声音。

◆ 猜一猜下面的拟声词用来形容什么声音，并选择合适的词语填空。

A. 隆隆（lónglóng）　　B. 咚咚（dōngdōng）　　C. 扑通 扑通（pūtōng pūtōng）　　D. 咕咚 咕咚（gūdōng gūdōng）

1. 早上我被一阵________的敲门声吵醒了。

2. 雨下得很大，不时有一个闪电，接着就是________的雷声。

3. 他倒了一大杯水，________地喝了起来。

4. 我太紧张了，心________地跳个不停。

读后练习

一、根据课文，回答问题。

1. 宋定伯要去哪儿？鬼要去哪儿？他们决定怎么去？

2. 鬼是怎么过河的？宋定伯是怎么过河的？

3. 课文里有两处提到“鬼奇怪地问”，第一次鬼奇怪什么？第二次鬼奇怪什么？

二、根据课文，判断正误。

1. 鬼决定陪宋定伯去集市。（　）
2. 宋定伯走得很慢，所以鬼背着他走。（　）
3. 宋定伯是新死的鬼，所以很重。（　）
4. 宋定伯很重，可是鬼非常轻。（　）
5. 宋定伯认为鬼不但见多识广，而且神通广大。（　）
6. 鬼上当了，他以为宋定伯也是鬼。（　）
7. 鬼虽然有很多能力，但是却害怕人的口水。（　）
8. 宋定伯是人，所以过河的时候水会发出声音。（　）
9. 鬼变成羊后，被吐了口水，不能再变成鬼了。（　）
10. 宋定伯把“鬼”变成的羊卖了以后，带着钱回家了。（　）

三、根据课文，选择加点词语的正确解释。

1. 轮着背了几次，两人渐渐熟悉起来了

A. 顺着　B. 抢着　C. 换着　D. 对着

2. 我们鬼啊，虽然神通广大，但最怕人的口水

A. 有很多知识　B. 去过很多地方
C. 认识很多神　D. 有很多本领

3. 你以后可千万小心这个

A. 可以　B. 可是　C. 总算　D. 一定

4. 鬼一着地，就变成一只羊想逃跑

A. 碰到地　B. 突然地　C. 着急地　D. 到地方

5. 宋定伯马上朝它吐了一口口水

A. 把　B. 向　C. 给　D. 让

四、选择与句子中加点词语意思相同的一个。

1. 我们互相背着走，怎么样？

A. 这篇课文我已经背下来了。
B. 我爷爷年纪大了，耳朵有点儿背。
C. 放学了，学生们背着书包走出校园。
D. 在电脑前工作了一天，后背又酸又疼。

2. 走着走着，他们来到一条河前。

A. 快着点儿吃，快迟到了。
B. 您别着急，护照一定会找到的。
C. 鬼一着地，就变成了一只羊。
D. 小李很喜欢看书，看着看着就忘记了时间。

五、根据课文，选择正确答案。

1. 对于“鬼”，宋定伯最想知道的是：

A. 鬼要去哪儿
B. 鬼为什么很轻
C. 鬼最害怕什么
D. 怎样才能学会轻功

2. 宋定伯是一个什么样的人？

A. 聪明勇敢的人
B. 爱开玩笑的人
C. 神通广大的人
D. 见多识广的人

3. 关于鬼，下面哪一项与课文内容不符？

A. 鬼很轻，而且会轻功
B. 人死后会变成鬼
C. 鬼会变化，可以变成羊
D. 鬼胆子很大，什么都不怕

六、联系课文，小组讨论下面问题。

课文里的鬼有哪些特点？请你总结一下。

泛读篇

1. 双手插在口袋[1]里的人

阅读要求：约 340 字，阅读时间 5.5 分钟，答题时间 10 分钟。

张三对好友抱怨[2]说："老天太不公平[3]了，总是让有能力的人得不到机会[4]，没有能力的人却成功[5]了！"

"李四，他是我的同学，上学时成绩[6]差极了，还经常抄[7]我的作业，现在却当上了作家。"

"可是，我听说李四很努力，常常写作[8]到深夜……"没等好友说完，张三又说："还有王五，他也是我的同学，小时候总是生病，现在却成了马拉松[9]选手。"

好友说："可我听人说，王五把吃饭和睡觉以外的时间都用来锻炼……"好友的话还没说完，张三又说："特别让我生气的是赵六，在学校的时候，他连肉都吃不起，现在却开了饭店！"

好友笑笑说："老天是公平的，不是吗？他让平庸[10]的人学会努力，让多病的人懂得锻炼的重要，让饥饿[11]的人有肉吃。老天给每个人准备了一架[12]通向成功的梯子[13]，但是双手插在口袋里的人永远也爬不上去。"

1. 口袋 kǒudai
2. 抱怨 bàoyuàn
3. 公平 gōngpíng
4. 机会 jīhuì
5. 成功 chénggōng
6. 成绩 chéngjì
7. 抄 chāo
8. 写作 xiězuò
9. 马拉松 mǎlāsōng
10. 平庸 píngyōng
11. 饥饿 jī'è
12. 架 jià
13. 梯子 tīzi

一、根据课文，判断正误。

1. 张三有能力，可是没有机会，所以没有成功。（　　）
2. 李四当上了作家，因为他非常努力地写作。（　　）
3. 王五把吃饭和睡觉的时间也用在了锻炼上。（　　）
4. 赵六是一家饭店的老板，他经常生气。（　　）
5. 好友觉得老天对别人很公平，对张三也很公平。（　　）

二、根据课文，选择加点词语的正确解释。

1. 老天太不公平了

A. 天上的神　　B. 天空　　C. 老大爷　　D. 时间

2. 还经常抄我的作业

A. 先学习别人写的东西，再自己写　　B. 照着别人的东西写下来当成自己的
C. 自己不会写，请别人帮助写　　D. 自己不想写，让别人写

3. 我听说李四很努力，常常写作到深夜

A. 半夜　　B. 夜晚　　C. 晚上　　D. 日夜

4. 现在却成了马拉松选手

A. 举手的人　　B. 取胜的人　　C. 优秀的人　　D. 参赛的人

5. 他连肉都吃不起

A. 不想吃　　B. 没钱吃　　C. 不常吃　　D. 不爱吃

6. 让多病的人懂得锻炼的重要

A. 得到　　B. 学会　　C. 认识　　D. 明白

三、选择与句子中加点词语意思相同的一个。

1. 李四，他是我的同学，上学时成绩差极了。

A. 我下个月要去上海出差。
B. 已经来了 15 个人，还差一个人。
C. 这家饭店的服务很差，换一家吧。
D. 这两种手机价钱差不多。

2. 老天给每个人准备了一架通向成功的梯子。

A. 打开窗户通通风吧！
B. 这条路直通火车站。
C. 这个句子不通，别的句子都对。
D. 大家都说他是个中国通。

四、联系课文，小组讨论下面问题。

“双手插在口袋里的人”是什么样的人？文章里指的是哪个人？

2. 老鼠嫁女

阅读要求：约 460 字，阅读时间 8 分钟，答题时间 10 分钟。

老鼠的女儿大了，到了出嫁的年纪。但是把女儿嫁给谁呢？鼠爸爸鼠妈妈可伤透[1]了脑筋[2]。

这天，鼠爸爸走出洞[3]，一抬头看见了太阳，忽然想到：要是把女儿嫁给太阳，该多好啊！

他把鼠妈妈从洞里喊出来，指着太阳，说："我看没有什么比太阳更厉害[4]的，咱们把女儿嫁给太阳吧！"

太阳突然说话了："我最怕白云，白云一到，就会遮[5]住我的光，你们还是把女儿嫁给白云吧！"

鼠爸爸对着白云说："白云白云，请你娶我的女儿吧，我会给女儿准备很多嫁妆[6]。"

白云摇摇头，说："可是北风比我更厉害，你们看，我就是被北风吹到这里来的。你们的女儿还是嫁给北风吧！"

白云刚走，北风就到了。鼠妈妈笑嘻嘻[7]地跟北风打招呼，要把女儿嫁给他。

北风气喘吁吁[8]地说："你们看，我再厉害也刮不倒那座宝塔[9]。你们还是把女儿嫁给宝塔吧！"

鼠妈妈觉得有道理[10]，就去求宝塔娶她的女儿。

宝塔害怕极了，说："我再厉害也比不上你们老鼠，你们把我身上挖得到处是洞，我就是打光棍儿[11]也不会娶你的女儿！"

鼠妈妈十分难过，一边往家走一边想："谁比老鼠厉害呢……对了，我知道我的女儿该嫁给谁了。"

1. 透 tòu
2. 脑筋 nǎojīn
3. 洞 dòng
4. 厉害 lìhài
5. 遮 zhē
6. 嫁妆 jiàzhuang
7. 笑嘻嘻 xiàoxīxī
8. 气喘吁吁 qìchuǎnxūxū
9. 宝塔 bǎotǎ
10. 道理 dàolǐ
11. 光棍儿 guānggùnr

一、根据课文，回答问题。

1. 鼠爸爸和鼠妈妈先后打算把女儿嫁给谁？请按顺序写出来。

2. 最后鼠妈妈打算把女儿嫁给谁？

二、根据课文，完成下面的句子。

1. 太阳怕白云，因为________________。
2. 白云怕北风，因为________________。
3. 北风怕宝塔，因为________________。
4. 宝塔怕老鼠，因为________________。

三、选择与句子中加点词语意思相同的一个。

1. 鼠爸爸鼠妈妈可伤透了脑筋。

A. 这件睡衣太薄，有点儿透。　　B. 老师不能给学生透考试题。
C. 他见人就打，坏透了。　　D. 打开窗户，透透气吧。

2. 我再厉害也刮不倒那座宝塔。

A. 请您再说一遍。　　B. 我下次再也不迟到了。
C. 吃了晚饭再走吧。　　D. 再忙也要注意身体。

四、根据课文，选择正确答案。

1.“鼠爸爸鼠妈妈可伤透了脑筋”的意思是：

A. 鼠爸爸和鼠妈妈费尽了心思
B. 鼠爸爸和鼠妈妈的头很不舒服
C. 鼠爸爸和鼠妈妈的脑子很笨
D. 鼠爸爸和鼠妈妈的头都受伤了

2.“嫁妆”的意思是：

A. 结婚时，父母送给儿女的礼物
B. 结婚时，女孩从娘家带到夫家的东西
C. 结婚时，男方家送给女方家的东西
D. 结婚时，男孩送给女孩的礼物

3.“我就是打光棍儿也不会娶你的女儿”的意思是：

A. 我家里很穷，没钱娶你的女儿
B. 我不想结婚，所以不娶你女儿
C. 跟你的女儿结婚还不如单身
D. 如果我是光棍儿，我就娶你女儿

单元练习

一、朗读句子，注意词语的用法。

1. 轮着

我和同屋轮着打扫房间。
最近公司很忙，周末大家轮着休息。
长途汽车一般是两位司机轮着开。

2. ……着……着

我们走着走着，来到了一条河前。
汽车开着开着，突然坏了。
她说着说着，突然伤心地哭了起来。

3. 动词 / 形容词 + 得……

他吓得脸都白了。
我已经饿得直不起腰了。
我上午忙得连上厕所的时间都没有。

4. 要是……该多好

要是明天不用上学该多好！
要是我能考 100 分该多好！
要是我的汉语说得跟中国人一样，该多好啊！

5. 再……也……

你说得再好听也骗不了我。
质量不好的东西，再便宜我也不买。
你再劝我也没用，我已经决定要跟他分手了。

6. 就是……也……

我今天就是不睡觉也要把作业写完。
我就是不买衣服，也要存钱买车。
这里的天气很怪，就是夏天有时也会下雪。

二、给下面的汉字注上拼音，然后选择填空。

扛　吓　吐　背　飘　遮　透　摇　刮　抄

______　______　______　______　______　______　______　______　______　______

1. 他用手______住了照相机，不让记者拍照。
2. 考试时不能______书。
3. 山洞又深又黑，从里面传出很怪的声音，挺______人的。
4. 随地______痰是非常不卫生和不文明的行为。
5. 这个箱子太重了，一个人可______不起来。
6. 一到周末，他就______着包去旅行。
7. 这种瓜要等熟______了才好吃。
8. 风很大，把小树吹得______来______去。
9. 北京春天风很大，有时能把小树______倒。
10. 气球的线断了，越______越高，越______越远。

三、给下面的词语注上拼音，然后选择填空。

熟悉　抱怨　见怪　平庸　饥饿　公平　逃跑　厉害　道理　成功

______　______　______　______　______　______　______　______　______　______

1. 他从小就很特别，长大也不会是个______的人。
2. 她这个人就这样，希望你不要______。
3. 普通的饭菜，对______的孩子却是美味。
4. 不满意时，不要______，要努力改变。
5. 不论学生成绩好坏，他都______地对待每个人。
6. 你说的有______，就按你说的办吧。
7. 经过努力，他终于______地开了一家公司。
8. 他特别______，汉语说得跟中国人一样好。
9. 门和窗户都被锁上了，想______是不可能的。
10. 我们边走边聊，渐渐______起来。

四、选择填空。

1. 我们______做饭，我一三五做，他二四六做，星期天一起做。

A. 轮着　　B. 争着

2. 我给朋友打电话，聊______聊______，手机突然没电了。

A. ……着……着　　B. ……的……的

3. 我刚才把照片给你发______了，你收一下吧。

A. 过去　　B. 过来

4. 我没什么经验，如果有什么做得不对的地方，您别______。

A. 奇怪　　B. 见怪

5. 小李借去的书还没有还______。

A. 回来　　B. 进去

6. 他______第一个到学校，最后一个走。

A. 可是　　B. 总是

7. 这件事发生得太______了，大家都不知道该怎么办才好。

A. 突然　　B. 忽然

8. 对我来说，没有什么比妈妈做的饭______好吃的了！

A. 很　　B. 更

五、选择合适的连词填空。

A. 一……就……　B. 要是……该……　C. 再……也……　D. 就是……也……

1. ______能去周游世界，那______多好啊。
2. 春节是中国最重要的节日，所以中国人______忙______要回家过年。
3. ______找不到工作，我______不去那家公司。
4. 电影______开始，电影院里立刻______安静了下来。

HSK 拓展训练

一、请选出正确答案。

农历腊月三十，是一年的最后一天，______“除夕”。除夕晚上，全家人要______在一起吃“年夜饭”。中国很大，各地年夜饭的______不太一样，有的吃饺子，有的吃火锅，有的吃面条。______生活水平的提高，中国人的年夜饭越来越丰富了。午夜十二点的时候，人们放鞭炮，在鞭炮声中送走旧的一年，______新的一年。

1. A. 完成　　B. 称为　　C. 当成　　D. 成为
2. A. 住　　B. 放　　C. 来　　D. 聚
3. A. 规定　　B. 流行　　C. 风俗　　D. 爱好
4. A. 随着　　B. 看着　　C. 对着　　D. 跟着
5. A. 得到　　B. 到来　　C. 过来　　D. 迎来

二、请选出与短文内容一致的一项。

1. 长安街是中国最重要的一条街道，以天安门广场为界，往东为东长安街，往西为西长安街。人们称长安街为“十里长街”，其实，长安街全长只有 4 公里。不过，长安街往东可以通到八里桥，往西可以通到石景山，加起来有 38 公里。

   A. 长安街的长度是 10 公里
   B. 长安街的长度是 4 公里
   C. 长安街的长度是 38 公里
   D. 长安街是中国最长的一条街

2. 21 岁的大学生王娜 9 月返回校园时，将会展现一张新面孔，这是因为她利用暑假花 6000 元做了割双眼皮手术。去年夏天，北京做整容手术的人中，学生占 80%。女生们认为，如果自己变得更漂亮，就更容易找到好工作或者好老公。

   A. 王娜 9 月要去一所新学校上学
   B. 王娜利用暑假做了整容手术
   C. 北京有 80% 的学生做过整容手术
   D. 在北京只有漂亮女生才能找到工作

第6单元

精读篇

如果世界上有一个人跟你长得完全一样，那是多么美好和幸运的事情啊！不过，有时候如果长得太像，别人分不出来，也会带来麻烦。课文中的这对兄弟，就连父母都会认错，为了把他们分清楚，家人、朋友想出各种办法。

读前准备

1. 下面哪些是双胞胎一般具有的特点？

A. 肤色相同	B. 爱好相同	C. 相貌相同	D. 性别相同
E. 声音相同	F. 体重相同	G. 身高相同	H. 生日相同

2. 你有双胞胎亲戚或朋友吗？他们（她们）长得像不像？你是怎么区分他们（她们）的？讲一讲他们（她们）的趣事。

高招

阅读要求：约530字，阅读时间9分钟，答题时间15分钟。

我和哥哥是双胞胎[1]，长得几乎一模一样[2]，就连爸爸妈妈也经常会把我们认错。为了把我们兄弟俩区别[3]开，人人都有高招。

过生日的时候，妈妈送我们每人一条项链[4]，

1. 双胞胎（名）shuāngbāotāi twins
2. 模样（名）múyàng appearance; look
3. 区别（动／名）qūbié discriminate; difference
4. 项链（名）xiàngliàn necklace

让我们平时必须戴[5]着，还说那是她费了好多心思[6]特意为我们准备的，我们感动[7]得当场[8]戴在了脖子上。从此以后，妈妈再没叫错过我俩的名字，因为每次妈妈叫不出我们的名字时，总是让我们拿出项链给她看看吊坠[9]。

爸爸给我们起了名字，却极少用，他需要帮忙时，总是指着我们说："你，过来，帮我个忙！" 一次，我实在忍不住，便对他说："爸，以后有什么事叫我们的名字吧！别总是'你，你'的，太不像一家人了！" 爸爸只好说了实话："我是很想叫你们的名字呀！可是怕叫错了，更让你们伤心啊！"

女朋友知道我有个双胞胎哥哥后，害怕单独[10]遇到时分不清，就跟我约[11]定了一条暗语，她说："太巧了，竟然[12]在这儿遇见你了！" 我就回答："我是特意在这儿等你逛[13]街的。" 后来，每次和她对过暗语，都要陪[14]她去逛街，才知道上当[15]了！

从小学到高中，赵小明和我们一直是同学，虽然在一起熟悉极了，可他照样[16]分不清我们俩谁是谁，在一起闹[17]着玩儿时，他常常这样问："以前跟我争[18]女朋友，最后失败[19]的那个是你吗？" 这时，哥哥总是说："要不是她把弟弟当成了我，你怎么可能追[20]到她呢？"

5. 戴 (动) dài put on; wear
6. 心思 (名) xīnsi thought; idea
7. 感动 (形 / 动) gǎndòng moved; touch
8. 当场 (副) dāngchǎng on the spot; then and there
9. 吊坠 (名) diàozhuì pendant
10. 单独 (副) dāndú alone; by oneself
11. 约 (动) yuē make an appointment
12. 竟然 (副) jìngrán unexpectedly
13. 逛 (动) guàng stroll; saunter
14. 陪 (动) péi keep sb. company
15. 上当 (动) shàng dàng be taken in
16. 照样 (副) zhàoyàng still
17. 闹 (动) nào tease; joke
18. 争 (动) zhēng contend; vie
19. 失败 (动 / 形) shībài fail; be defeated
20. 追 (动) zhuī chase after

语言点

一、高招、项链、暗语

"高招、项链、暗语" 等这类由 "修饰语 + 中心语" 构成的词叫偏正复合词。"招" 的意思是 "办法"，"高招" 就是 "高明的办法"；"项" 是 "脖子" 的意思，"项链" 就是 "戴在脖子上的链子"；"暗" 是 "秘密的，不让别人知道的"，"暗语" 就是 "互相约好的秘密的话"。

◆ 在括号里填上恰当的字，组成偏正复合词。

1. 饭：（　　）饭　　（　　）饭　　（　　）饭
2. 笔：（　　）笔　　（　　）笔　　（　　）笔
3. 语：（　　）语　　（　　）语　　（　　）语
4. 包：（　　）包　　（　　）包　　（　　）包

二、上当

“上当”是“因为被骗而使自己受到损失”的意思，如：“他说的都是假话，你千万别上他的当。”汉语里有很多含有“上”的词语，常见的有“上火、上心、上算、上瘾（yǐn）、上钩”等。

◆ 不查词典，试着把下面的词语和意思连起来。

1. 上火
2. 上算
3. 上钩
4. 上瘾
5. 上心

A. 为了得到好处受骗上当。
B. 爱好做某事到了无法控制的程度，多指不良爱好。
C. 用心，把要做的事情放在心上。
D. 不吃亏；和付出的相比，得到的比较多。
E. 出现了嗓子、眼睛、鼻子等发干、发炎等问题。

读后练习

一、根据课文，回答问题。

1. 妈妈怎么分清我和哥哥？
2. 我的女朋友怎么分清我和哥哥？
3. 赵小明怎么分清我和哥哥？

二、根据课文，判断正误。

1. 妈妈给双胞胎兄弟买了一模一样的两条项链。（　　）
2. 一收到妈妈送的项链，我和哥哥就戴上了。（　　）

3. 爸爸给我们起了名字，却不想用。（ ）

4. 我不喜欢爸爸叫我们“你”，因为不像一家人。（ ）

5. 爸爸叫错了我们的名字，所以我们很伤心。（ ）

6. 女朋友跟我和哥哥约定了一条暗语。（ ）

7. 女朋友在街上遇到我和哥哥时，就说那句暗语。（ ）

8. 女朋友很喜欢让我陪她逛街。（ ）

9. 赵小明和我们刚认识，所以分不清我和哥哥。（ ）

10. 哥哥和赵小明追过同一个女孩，但是哥哥失败了。（ ）

三、根据课文，选择加点词语的正确解释。

1. 我和哥哥是双胞胎，长得几乎一模一样

A. 原来一样　　B. 完全一样　　C. 什么模样　　D. 很像

2. 为了把我们兄弟俩区别开，人人都有高招

A. 打招呼　　B. 好工具　　C. 好办法　　D. 水平高

3. 还说那是她费了好多心思特意为我们准备的

A. 浪费了很多时间　　B. 动了很多脑筋

C. 花了很多钱　　D. 用了很大力气

4. 还说那是她费了好多心思特意为我们准备的

A. 专门　　B. 故意　　C. 愿意　　D. 特点

5. 从此以后，妈妈再没叫错过我俩的名字

A. 从现在开始　　B. 从过去到现在　　C. 从今以后　　D. 从那时候起

6. 一次，我实在忍不住，便对他说：“……”

A. 控制不住　　B. 停不住　　C. 坐不住　　D. 靠不住

7. 害怕单独遇到时分不清，就跟我约定了一条暗语

A. 跟朋友开玩笑时说的话　　B. 跟朋友打招呼时说的话

C. 只有自己知道的秘密的话　　D. 互相约好的秘密的话

8. 在一起闹着玩儿时，他常常这样问

A. 开玩笑　　B. 聊天　　C. 出问题　　D. 吵架

四、选择与句子中加点词语意思相同的一个。

1. 我们感动得当场戴在了脖子上。

A. 尽管来了这么久，我还是不太习惯当地的口味。
B. 女朋友把弟弟当成了哥哥。
C. 我觉得这个句子用词不当。
D. 直到他告诉我，我才知道上当了。

2. 每次和她对过暗语，都要陪她去逛街。

A. 你帮我看一下，这道题我做得对吗？
B. 考试的时候，不能互相对答案。
C. 别对我大喊大叫的，有话好好说。
D. 对了，明天的会几点开始？

五、根据课文，选择句子的正确解释。

1. 他照样分不清我们俩谁是谁。

A. 谁也分不清我和哥哥。
B. 谁也不知道我和哥哥的区别。
C. 他原来不认识我和哥哥。
D. 他还是无法区别我和哥哥。

2. 要不是她把弟弟当成了我，你怎么可能追到她呢？

A. 因为她把弟弟当成了我，所以你才没追到她。
B. 如果她把弟弟当成了我，你就可以追到她了。
C. 因为她把弟弟当成了我，所以你才追到了她。
D. 如果她把弟弟当成了我，你就追不到她了。

六、联系课文，小组讨论下面问题。

双胞胎的故事还会继续下去，比如我和哥哥换了项链的吊坠，将会发生什么呢？请你继续讲讲下面可能发生的故事。

泛读篇

1. 邯郸①学步

阅读要求：约 350 字，阅读时间 6 分钟，答题时间 10 分钟。

从前，燕国②有一位少年，他身材、长相[1]、学问都是中等，可他却总是觉得自己不如别人——衣服是人家的好，饭菜是人家的香，动作是人家的优美[2]。他见什么学什么，可是学一样丢一样，结果一件事也做不好。

家人劝[3]他改改这个毛病[4]，他觉得家人管得太多；邻居们说他"狗熊[5]掰[6]棒子[7]"，他也听不进去。

有一天，他在路上碰到几个人对着他指指点点、说说笑笑，他觉得一定是自己走路的样子太难看了。他听说邯郸人走路的样子很美，很想学，可是邯郸人走路的样子究竟[8]怎么美呢？他怎么也想不出来，这成了他的心病[9]。终于[10]有一天，他瞒[11]着家人，跑到邯郸学走路去了。

一到邯郸，他看到孩子走路，觉得很活泼[12]，学；看见男人走路，觉得很帅气[13]，学；看到女人走路，觉得很优美，学。就这样，不到半个月，他连走路也不会了，钱也花光了，只好爬着回去。

1. 长相 zhǎngxiàng
2. 优美 yōuměi
3. 劝 quàn
4. 毛病 máobìng
5. 狗熊 gǒuxióng
6. 掰 bāi
7. 棒子 bàngzi
8. 究竟 jiūjìng
9. 心病 xīnbìng
10. 终于 zhōngyú
11. 瞒 mán
12. 活泼 huópō
13. 帅气 shuàiqi

一、根据课文，回答问题。

1. "家人劝他改改这个毛病"，这位少年的毛病是什么？
2. "这成了他的心病"，这位少年的心病是什么？
3. 邯郸的孩子、男人、女人走路各有什么特点？

① 邯郸（Hándān）：今河北省邯郸市，战国时期是赵国的首都。

② 燕国（Yānguó）：春秋战国时期（公元前 770—公元前 221）国名，在今北京附近。

二、根据课文，选择加点词语的正确解释。

1. 衣服是人家的好，饭菜是人家的香，动作是人家的优美

A. 家人　　B. 别人　　C. 大家　　D. 家里

2. 饭菜是人家的香

A. 香味　　B. 好看　　C. 好吃　　D. 便宜

3. 邻居们说他“狗熊掰棒子”，他也听不进去

A. 听不见　　B. 听不懂　　C. 听不清　　D. 不愿听

4. 邯郸人走路的样子究竟怎么美呢

A. 竟然　　B. 到底　　C. 还是　　D. 终于

5. 他瞒着家人，跑到邯郸学走路去了

A. 没告诉　　B. 不满意　　C. 不喜欢　　D. 不高兴

三、根据课文，选择正确答案。

1.“他见什么学什么”的意思是：

A. 见到的东西他都学
B. 他不知道应该学什么
C. 他什么东西都想看
D. 他不知道应该怎么学

2.“狗熊掰棒子”的意思是：

A. 太聪明了，一学就会
B. 学了新的，忘了旧的
C. 太笨了，什么也学不会
D. 喜欢什么就学什么

3.“邯郸学步”的意思是：

A. 学别人不成，却失去了自己原来的能力
B. 喜欢模仿别人的动作
C. 常常变化，一会儿这样说一会儿那样说
D. 做事时，开始很好，后来就不行了

2. 闭嘴计划

阅读要求：约 480 字，阅读时间 8 分钟，答题时间 10 分钟。

我爱说话，家人和朋友都嫌我话太多，因此我决定来个闭嘴计划，而且要坚持整整一个星期！星期天晚上，我把计划告诉了妻子，她一听就拿出一百块钱跟我打赌[1]，闭嘴计划就此开始。

星期一早上，妻子去上班，"拜拜[2]！"她说。我向她招了招手。星期二午餐后，我去买报纸。卖报纸的小伙子热情地和我打招呼："天气真好！"我对他友好地笑了笑。星期三我去商店买东西。我把要买的东西写在一张纸上，拿给店员看。星期四，妻子在纸上写道："请给你妈打电话，她一直在找你。"我请妻子帮我打，妻子不紧不慢地向我妈解释[3]，电话那边传来了笑声。星期五，我感冒了，本想去医院看病，后来决定还是到药店买点儿药。星期六，妻子的心情[4]开始变坏。我们一整天都在写纸条交流[5]，到了晚上，餐桌上到处都是纸条。星期天，在岳母[6]家吃饭，大家都很照顾[7]我，给我夹[8]菜，好像我是个三岁的孩子。

回到家已近午夜[9]，我的闭嘴计划即将[10]结束。我开始想：第一句话该说什么呢？想啊想啊，想不出结果，就到外面买了几罐[11]啤酒。11 点 55 分，我喝醉[12]了，妻子也睡着了。时钟滴答[13]，午夜到了！我站起来，小声对自己说："啊，半夜了，该睡觉了！"

1. 打赌 dǎ dǔ
2. 拜拜 báibái
3. 解释 jiěshì
4. 心情 xīnqíng
5. 交流 jiāoliú
6. 岳母 yuèmǔ
7. 照顾 zhàogù
8. 夹 jiā
9. 午夜 wǔyè
10. 即将 jíjiāng
11. 罐 guàn
12. 醉 zuì
13. 滴答 dīdā

一、根据课文，回答问题。

1. 我订了一个什么计划？要坚持多长时间？

2. 计划什么时候结束的？结束时，我说了什么？

二、根据课文，判断正误。

1. 如果我一个星期不说话，妻子就给我一百块钱。 （ ）
2. 妻子把我的闭嘴计划告诉妈妈以后，妈妈笑了起来。 （ ）
3. 妻子跟我打赌输了，所以心情开始变坏。 （ ）
4. 在岳母家吃饭时，大家都给我三岁的孩子夹菜。 （ ）

三、根据课文，选择加点词语的正确解释。

1. 家人和朋友都嫌我话太多

A. 生气　B. 担心　C. 麻烦　D. 不满意

2. 闭嘴计划就此开始

A. 正在　B. 从这时　C. 就是　D. 因此

3. 妻子不紧不慢地向我妈解释

A. 形容心情平静，不快不慢　B. 形容心里着急，动作忙乱
C. 形容十分小心，害怕出错　D. 形容心里紧张，动作很慢

4. 我感冒了，本想去医院看病

A. 从来不想　B. 想了一想　C. 应该马上　D. 原来打算

5. 回到家已近午夜

A. 快要……了　B. 已经……了　C. 大概……了　D. 果然……了

6. 我的闭嘴计划即将结束

A. 正在　B. 应该　C. 就要　D. 将来

四、选择与句子中加点词语意思相同的一个。

1. 电话那边传来了笑声。

A. 爸爸感冒了，把我传上了。　B. 胜利的消息传遍全国。
C. 很多演员都写了自传。　D. 这种技术以前是不外传的。

2. 半夜了，该睡觉了！

A. 该生学习努力，爱好体育。　B. 要是能考上北大，该多好啊！
C. 你该我的钱什么时候还啊？　D. 时间不早了，我该走了。

单元练习

一、朗读句子，注意词语的用法。

1. 连……也 / 都……

这道题特别简单，连三岁小孩都会做。
刚来中国时，我连“你好”也不会说。
这个月公司太忙了，我连一天也 / 都没休息。

2. 忍不住

听了这个笑话，大家都忍不住笑了起来。
这个电影太感人了，很多人忍不住流下了眼泪。
很多人忍不住要问：“这么小的孩子怎么会认识这么多字呢？”

3. 竟然

只学了一年的汉语，你竟然说得这么好！
来北京一年了，你竟然没去过长城！
为了减肥，她竟然一个星期没吃饭。

4. 照样

老师批评了他好几次，可他照样迟到。
今天天气这么冷，他还照样只穿一件衬衫。
昨晚我写了好多遍生词，可今天听写的时候照样写不出来。

5. 要不是

要不是你叫醒我，我今天就迟到了。
要不是你拉住我，我肯定被那辆车撞到了。
要不是父母非让我学，我才不会学钢琴呢。

6. 嫌

有的女孩子总是嫌自己不够瘦。
妻子嫌丈夫挣钱太少，丈夫嫌妻子花钱太多。
有人嫌日子过得太慢，有人嫌日子过得太快。

二、给下面的汉字注上拼音，然后选择填空。

嫌	闹	逛	陪	争	闭	劝	瞒	夹	费
______	______	______	______	______	______	______	______	______	______

1. 你先______上眼睛，不许看。
2. 我听说她已经有男朋友了，你就别白______心思了。
3. 刚喝完酒就开车，太不安全了，你______下他吧。
4. 妈妈______孩子作业写得太慢，让孩子快点儿写。
5. 老人生病时，特别希望子女能______在身边。
6. 开会的时候，大家都______着发表自己的意见。
7. 我昨天陪朋友去______王府井了。
8. 小李辞职了，但一直______着妻子，妻子一点儿也不知道。
9. 我不太会用筷子，总是______不起来。
10. 你别生气，我跟你______着玩儿呢！

三、给下面的词语注上拼音，然后选择填空。

模样	感动	失败	优美	毛病	活泼	身材	照顾	打赌	特意
______	______	______	______	______	______	______	______	______	______

1. 回国前，朋友们______为我开了一个送别晚会。
2. 为了保持______，李小姐每天晚饭都不吃主食。
3. 我们应该多听音乐，因为______的音乐让人心情愉快。
4. 我的钥匙不知出了什么______，怎么也打不开门。
5. 我小时候见过他，但那时候太小，记不清他长什么______了。
6. 我们______吧，今天的比赛中国队一定能赢。
7. 这孩子天真______，真让人喜欢。
8. 妈妈既要工作，又要______孩子，非常辛苦。
9. 妈妈为我做的一切都让我______。
10. 这次______了，没关系，以后继续加油。

四、选择填空。

1. 你怎么______这么简单的汉字______不认识？

A. 连……也…… B. 除了……以外……

2. 这么晚了，女儿还没回来，妈妈______担心起来。

A. 停不住 B. 忍不住

3. 小李______戴着眼镜找眼镜，你说可笑不可笑？

A. 究竟 B. 竟然

4. 老师给他讲了好几遍，可他______不明白。

A. 照样 B. 按照

5. 我______这两个词的意思有什么不同。

A. 看不清 B. 分不清

6. ______你帮助我，我的汉语肯定不会进步这么快。

A. 要不是 B. 要不

7. 他抽烟抽得很厉害，家人劝他戒烟，他也听不______。

A. 进去 B. 出来

8. 比赛______结束，双方的比分还是 1 : 1。

A. 将来 B. 即将

HSK 拓展训练

一、请选出正确答案。

现在，人们把一天分成 24 份，每份是一个______。古代，中国人把一天分成十二份，每份______一个时辰，每个时辰______现在的两个小时。古人______十二地支代表十二个时辰，______：“子时”就是现在的 23:00—01:00，“卯时”就是现在的 5:00—7:00。

1. A. 时间	B. 点钟	C. 小时	D. 分钟
2. A. 叫作	B. 名称	C. 名字	D. 成为
3. A. 相等	B. 于是	C. 好像	D. 等于
4. A. 有	B. 用	C. 把	D. 来
5. A. 比如	B. 好像	C. 如果	D. 例子

二、请选出与短文内容一致的一项。

1. 刘女士花了 3000 块，把自己的狗送进了宠物学校。但上周把狗接回家后，她发现自己的狗常不听命令，于是找到了宠物学校。宠物学校的人告诉她：宠物的课程是一样的，但每只狗的学习能力是不同的。

   A. 刘女士花 3000 块买了一只狗
   B. 刘女士家的狗现在宠物学校学习
   C. 刘女士对宠物学校不太满意
   D. 刘女士家的狗学习能力很强

2. 南方人坐船，北方人骑马；南方人指路，说前后左右，北方人指路，说东南西北。南北的差异是因为自然环境不同：北方平原多，马很方便，东西南北也清清楚楚；南方河流多，坐船方便，但河流弯弯曲曲，分不清东南西北，就只好说前后左右了。

   A. 南方和北方的饮食习惯不同
   B. 自然环境不同造成了南北差异
   C. 在中国坐船比骑马更方便
   D. 很多北方人分不清东南西北

第7单元

精读篇

每个人都有自己的优点和价值，我们应该谦虚地对待身边的每一个人。本课讲的是拇指、食指、中指、无名指四根手指争当大哥的故事，小指的一句话使四根手指明白了：只有懂得自己的渺小，才能懂得真正的伟大。

读前准备

1. 下面是五根手指的名字，请试着排一下顺序。

A. 小指　B. 拇指　C. 无名指　D. 中指　E. 食指

①______ ②______ ③______ ④______ ⑤______

2. 五根手指各有什么作用？你认为哪根手指最重要？

谁最重要

阅读要求：约520字，阅读时间8.5分钟，答题时间15分钟。

一天，五根手指[1]聚在一起，讨论[2]谁是真正的大哥。拇指[3]先说："如果要比大，我才是真正的大哥。你们看，五根手指中，我排行[4]第一；而且当人们称赞[5]别人的时候，总是竖[6]起拇指。因此我是大哥。"

1. 手指（名）shǒuzhǐ finger
2. 讨论（动）tǎolùn discuss
3. 拇指（名）mǔzhǐ thumb
4. 排行（动）páiháng seniority among brothers and sisters
5. 称赞（动）chēngzàn praise; acclaim
6. 竖（动）shù thumb up

拇指的话刚说完，食指就急着说道：“兄弟之中数[7]我最重要，俗话[8]说‘民以食为天’嘛。而且，问路的时候，人们总是靠食指来指路。我的作用这么大，当然最应该当大哥喽[9]！”

听了食指的话，中指不满地说：“你们两位太自不量力了。拇指，你长得又矮又胖；食指，你总是动来动去，让人心烦。你们看我，身材高大，位置[10]又在最中间，你们都比不上我，因此我才是大哥。”

无名指终于忍不住了，他站起来，大声说：“你们都说自己了不起，不过人们都把戒指[11]戴在无名指上，所以我最富有[12]，大哥的位置当然应该是我的啦。”

四根手指争来争去，谁也不让谁，突然他们发现小指坐在一旁，一句话也不说。四根手指好奇[13]地问：“小指老弟，你怎么不说话啊？难道[14]你不想当大哥吗？”

小指看看其他四指，缓缓[15]地说：“各位大哥，你们每一位都非常重要，我怎么能和各位争呢？不过，当人们双手合十向别人行礼[16]时，我最靠近[17]对方的心。”

听了小指的话，四根手指低下了头。只有懂得自己的渺小[18]，才能懂得真正的伟大[19]，你认为呢？

7. 数（动）shǔ by comparsion
8. 俗话（名）súhuà common saying
9. 喽（语气）lou to call attention to a new situation
10. 位置（名）wèizhi position; place
11. 戒指（名）jièzhi ring
12. 富有（形）fùyǒu rich; wealthy
13. 好奇（形）hàoqí curious
14. 难道（副）nándào surely it doesn’t mean that
15. 缓缓（副）huǎnhuǎn slowly
16. 行礼（动）xíng lǐ salute; give a salute
17. 靠近（动）kàojìn near; close to
18. 渺小（形）miǎoxiǎo tiny; negligible
19. 伟大（形）wěidà great

语言点

一、嘛、喽、啦

“嘛、喽、啦”都是语气词。语气词一般用在句尾，表示各种不同的语气。“嘛”表示本来就应该这样或理由显而易见；“喽”表示提醒别人注意已经出现的新情况；“啦”是“了＋啊”的合音，表示出现新变化。常用的语气词还有“吗、呢、吧、啊”等，表示不同的语气。

◆ 选择合适的语气词填空。

A. 啦　　B. 啊　　C. 呢　　D. 嘛　　E. 吧

1. 今天天气多好________，咱们出去散散步________！

2. “入乡随俗”________，这个道理你都不懂？

3. 上课________，上课________，请大家赶快回教室。

4. 标准答案就是 C________，这道题怎么会错了________？

二、争来争去

“争来争去”表示“反复争论、争论了很久”。“～来～去”中间插入同一个动作动词，主要表示两种意思：A. 表示方向上的来回，如“跑来跑去、飞来飞去、游来游去”；B. 表示动作多次、反复进行，如“想来想去、问来问去、说来说去、商量来商量去”等。

◆ 选择合适的词语填空。

A. 说来说去　　B. 游来游去　　C. 想来想去　　D. 飞来飞去

1. 鱼在水里________。

2. 小鸟在花园里________。

3. ________，你到底同意还是不同意？

4. 晚上我躺在床上，________，怎么也睡不着。

读后练习

一、根据课文，把左右两边连线。

1. 拇指认为自己是大哥的主要理由是　　A. 最富有

2. 食指认为自己是大哥的主要理由是　　B. 作用最大

3. 中指认为自己是大哥的主要理由是　　C. 排行第一

4. 无名指认为自己是大哥的主要理由是　　D. 位置在最中间

二、根据课文，判断正误。

1. 五根手指都觉得自己是真正的大哥。 （ ）

2. 人们竖起拇指，是为了称赞别人。 （ ）

3. 食指不但又矮又胖，而且动来动去。 （ ）

4. 无名指不仅身材高大，而且十分富有。 （ ）

5. 四根手指争来争去，都觉得自己了不起。 （ ）

6. 小指一句话也不说，因为它不想当大哥。 （ ）

三、根据课文，选择加点词语的正确解释。

1. 人们总是靠食指来指路

A. 被　　B. 按　　C. 把　　D. 用

2. 听了食指的话，中指不满地说

A. 不满意　　B. 不同意　　C. 不愿意　　D. 不明白

3. 你们两位太自不量力了

A. 不努力　　B. 不用力　　C. 高看自己　　D. 没有能力

4. 无名指终于忍不住了

A. 开始　　B. 最后　　C. 所以　　D. 因为

5. 你们都说自己了不起

A. 不满意　　B. 很有名　　C. 受欢迎　　D. 很厉害

6. 四根手指争来争去

A. 争论起来　　B. 争论下去　　C. 不停地争论　　D. 争论了一会儿

7. 我怎么能和各位争呢

A. 你们　　B. 别人　　C. 自己　　D. 主人

8. 当人们双手合十向别人行礼时，我最靠近对方的心

A. 两只手握在一起

B. 两只手掌合在一起

C. 两只手的十根手指交叉
D. 两根食指做成“十”

四、选择与句子中加点词语意思相同的一个。

1. 兄弟之中数我最重要。

A. 这个体育馆可以坐数万名观众。
B. 请您数一下参加晚会的人数。
C. 北京烤鸭中，最有名的要数全聚德烤鸭了。
D. 休息了数月，老李的病已经完全好了。

2. 四根手指争来争去，谁也不让谁。

A. 对不起，请让一下。
B. 妈妈不让孩子玩电脑游戏。
C. 我的衣服让雨淋湿了。
D. 让我们一起努力，把工作做好。

五、根据课文，选择句子的正确解释。

1. 民以食为天。

A. 老百姓天天都得吃饭。
B. 老百姓总是靠天吃饭。
C. 老百姓每天都在想吃什么。
D. 对老百姓来说，吃饭是最重要的问题。

2. 难道你不想当大哥吗？

A. 你就不想当大哥吗？
B. 你还是不想当大哥吗？
C. 你想不想当大哥呢？
D. 你也不想当大哥了吗？

3. 我怎么能和各位争呢？

A. 我不知道怎么跟你们争。
B. 你们不应该跟我争。
C. 你们为什么要跟我争呢？
D. 我哪能和你们争呢？

六、根据课文，选择正确答案。

1. 下面哪一项与课文内容不符？

A. 小指不争当老大，是因为它个子太小
B. 四根手指都认为自己最应该当老大
C. 其实五指中每根手指都很重要
D. 这篇课文告诉我们人应该谦虚

2. 这篇课文主要告诉我们什么道理？

A. 谁最了不起，谁就应该当大哥。
B. 四根手指争来争去，谁也没当上大哥。
C. 人们双手合十，向别人行礼。
D. 只有懂得自己的渺小，才能懂得真正的伟大。

七、联系课文，小组讨论下面问题。

请试着讲一讲你听到的或你们国家与手指有关的故事。

泛读篇

1. 塞翁[①]失马

阅读要求：约 360 字，阅读时间 6 分钟，答题时间 10 分钟。

古时候，在中国的北方住着一个老翁，他养了许多马。

一天，他的一匹[1]马走失了。邻居们听说了，都跑来安慰[2]他。老翁却笑了笑说："丢了一匹马损失[3]不大，没准儿会带来福气[4]呢。"邻居们都觉得他很可笑。

过了几天，丢失[5]的马自己回来了，还带回来

1. 匹 pǐ
2. 安慰 ānwèi
3. 损失 sǔnshī
4. 福气 fúqi
5. 丢失 diūshī

① 塞翁（sài wēng）：住在北方边塞地区的老头儿。塞，边塞；翁，老头儿。

一匹匈奴② 的骏马[6]。邻居们听说了，都来祝贺[7]，老翁反而[8]忧虑[9]地说："白白得了一匹好马，不一定是福气，也许会有什么麻烦呢。"邻居们都觉得老人想得太多了。

老翁有个儿子，非常喜欢骑马，他每天都骑那匹骏马。一天，他骑马时不小心从马背上摔下来，摔断[10]了腿。邻居们知道了，都来看望[11]，老翁却说："没什么，腿摔断了或许会带来福气呢。"邻居们觉得老翁准是急糊涂[12]了。

不久，匈奴的军队打过来，年轻人都要去当兵，老翁的儿子因为腿断了，不能去当兵。结果入伍[13]的年轻人都战[14]死了，老翁的儿子却活了下来。

6. 骏马 jùnmǎ
7. 祝贺 zhùhè
8. 反而 fǎn'ér
9. 忧虑 yōulǜ
10. 断 duàn
11. 看望 kànwàng
12. 糊涂 hútu
13. 入伍 rùwǔ
14. 战 zhàn

一、根据课文，回答问题。

1. 老翁一共遇到了几件倒霉的事情？都是什么事？

2. 老翁一共遇到了几件幸运的事情？都是什么事？

二、根据课文，判断正误。

1. 老翁最后丢失了一匹马，得到了一匹马。 （ ）
2. 老翁担心白白得到好马，可能带来麻烦。 （ ）
3. 老翁的儿子骑马时摔断了腿，老翁非常着急。 （ ）
4. 老翁的儿子入伍了，但没有战死，活了下来。 （ ）
5. 邻居们很关心老翁，也很理解老翁。 （ ）

三、根据课文，选择加点词语的正确解释。

1. 他的一匹马走失了

A. 走丢了　　B. 被偷了　　C. 卖掉了　　D. 跑远了

2. 丢了一匹马损失不大，没准儿会带来福气呢

A. 不可能　　B. 差不多　　C. 说不定　　D. 不可以

② 匈奴（Xiōngnú）：中国古代的北方民族。

3. 邻居们听说了，都来祝贺，老翁反而忧虑地说

A. 却　　B. 反正　　C. 而且　　D. 可是

4. 白白得了一匹好马，不一定是福气，也许会有什么麻烦呢

A. 没想到　　B. 不知从哪儿
C. 没有结果地　　D. 没付出

5. 没什么，腿摔断了或许会带来福气呢

A. 或者　　B. 也许　　C. 可以　　D. 还是

6. 邻居们觉得老翁准是急糊涂了

A. 一定　　B. 准备　　C. 准确　　D. 同意

7. 结果入伍的年轻人都战死了

A. 参加比赛　　B. 参加军队
C. 参加工作　　D. 参加活动

四、根据课文，选择正确答案。

1. 下面哪一项与课文内容不符？

A. 课文中的老人想法很特别
B. 课文中的邻居都不理解老人
C. 课文中的儿子最后战死了
D. 课文中的老人最后马没有少

2.“塞翁失马”主要告诉我们什么道理？

A. 本来想做好事，却弄成了坏事
B. 坏事有时候会变成好事
C. 为了得到一点儿好处，失去了很多东西
D. 得不到别人的理解是一件很糟糕的事情

五、联系课文，小组讨论下面问题。

你同意老翁的观点吗？为什么？

2. 邹忌比美

阅读要求：约 410 字，阅读时间 7 分钟，答题时间 10 分钟。

古时候，齐国①有一个叫邹忌的人，他长得十分英俊魁梧[1]。一天早上，他穿好衣服，戴好帽子，边照镜子[2]边问妻子："听说城北住着一位姓徐的美男子，你看，我跟徐公子②比，谁更帅呢？"妻子想都没想，答道："当然是你更帅了，你比徐公子帅多了。"

邹忌不相信自己会比徐公子更美，所以，他又去问他的小妾③："你说，我跟徐公子比，谁更帅呢？"小妾笑着回答："那还用说，徐公子哪里比得上您呢？"

晚上，邹忌陪客人喝茶聊天时，又想起了白天的疑问[3]，"您见过徐公子，您说，我跟徐公子比，谁更帅呢？"客人想了想，说："依我看[4]，徐公子比您差远了，您不但英俊，而且魁梧。"

后来，一次偶然[5]的机会，徐公子到邹忌家拜访[6]。邹忌把徐公子上上下下、仔仔细[7]细地打量[8]了一番[9]，发现自己根本没有徐公子帅。

晚上，邹忌躺在床上，思来想去，他终于明白了：我的妻子说我英俊，是因为她很爱我；我的小妾说我英俊，是因为怕我；客人说我英俊，是因为有求于我，并非我真的比徐公子更帅。

1. 魁梧 kuíwu
2. 镜子 jìngzi
3. 疑问 yíwèn
4. 依……看 yī……kàn
5. 偶然 ǒurán
6. 拜访 bàifǎng
7. 仔细 zǐxì
8. 打量 dǎliang
9. 番 fān

一、根据课文，回答问题。

1. 邹忌问妻子、小妾、客人的问题是什么？

2. 妻子、小妾、客人各是怎么回答的？

① 齐国：春秋战国时期（公元前 770—公元前 221）的国名，在今山东一带。
② 公子：古代称诸侯的儿子，这里泛指读书人。
③ 妾（qiè）：旧时男子在正妻以外娶的女子。

二、根据课文，判断正误。

1. 为了弄清楚谁更帅，邹忌去拜访了徐公子。 (　　)
2. 邹忌虽然英俊魁梧，但却没有城北的徐公子帅。 (　　)
3. 邹忌想了很久，终于明白了为什么徐公子比自己帅。 (　　)
4. 妻子、小妾、客人都说邹忌更英俊，但他们各有自己的理由。 (　　)

三、根据课文，选择加点词语的正确解释。

1. 那还用说，徐公子哪里比得上您呢

A. 说什么　　B. 说不好　　C. 不好说　　D. 不用说

2. 依我看，徐公子比您差远了

A. 看起来　　B. 我觉得　　C. 看上去　　D. 看样子

3. 邹忌把徐公子上上下下、仔仔细细地打量了一番

A. 量　　B. 想　　C. 看　　D. 打

4. 邹忌躺在床上，思来想去

A. 想了又想　　B. 想都没想　　C. 再想一想　　D. 想不明白

5. 客人说我英俊，是因为有求于我，并非我真的比徐公子更帅

A. 就是　　B. 并不是　　C. 并且　　D. 而且

四、选择与句子中加点词语意思相同的一个。

1. 他穿好衣服，戴好帽子，边照镜子边问妻子。

A. 明天的运动会照计划进行。
B. 阳光照在花园里。
C. 镜子这么脏，都照不到人了。
D. 请大家带上护照。

2. 客人说我英俊，是因为有求于我。

A. 颐和园位于北京北部。
B. 看电视有利于学汉语。
C. 成绩低于60分就是不及格。
D. 请于9月1日到学校报到。

单元练习

一、朗读句子，注意词语的用法。

1. 数

说起北京烤鸭来，最有名的要数全聚德了。
他的成绩在班上是数一数二的。
世界上最可爱的动物要数熊猫了。

2. 难道

八点上课，难道你不知道吗？为什么又迟到了？
为什么抄作业？难道你自己不会做吗？
这么简单的工作，难道还让我教你吗？

3. 只有……，才……

只有遇到非常中意的人，我才会考虑结婚。
有人认为，只有考上名牌大学，才能找到好工作，你同意吗？
警察说："只有交完了罚款，才能把车取走。"

4. 反而

我年轻时常常生病，年纪大了，身体反而变好了。
吃了药，病反而更重了。
夫妻吵了一架，感情反而比以前更好了。

5. 白白

有的学生每天玩游戏，时间都白白浪费了。
我白白排了半天队，也没买到票。
我白白给你讲了一个下午，你怎么还是不明白？

6. 依我看，……

依我看，你应该跟他好好儿谈谈。
依我看，这是个好机会，你应该试一试。
依我看，朋友结婚，送钱比送礼物更好。

二、给下面的汉字注上拼音，然后选择填空。

数　　竖　　靠　　戴　　让　　丢　　准　　断　　照　　低

______　______　______　______　______　______　______　______　______　______

1. 上课的时候，他一直______着头看小说。
2. 哪位年轻的乘客少坐一会儿，给老人______个座儿。
3. 这么晚了他还没到，______是堵车了。
4. 兄弟姐妹中______我个子最高。
5. 我______看电影提高了汉语水平。
6. 路口______着一块牌子，上面写着“禁止通行”。
7. 他很不仔细，经常______东西。
8. 风筝线______了，我眼看它越飞越远，变成一个小点。
9. 结婚戒指一般______在无名指上。
10. 小李对着镜子______了半天才出门。

三、给下面的词语注上拼音，然后选择填空。

讨论　称赞　靠近　伟大　渺小　忧虑　安慰　损失　拜访　打量

______　______　______　______　______　______　______　______　______　______

1. 爱因斯坦（Albert Einstein）是一位______的物理学家。
2. 同学们上上下下______着这个新来的老师。
3. 这个星期天，我要去______女朋友的父母，你有什么建议吗？
4. 在大自然面前，人类的力量是______的。
5. 大家越______她，她哭得越伤心。
6. “民以食为天”，所以食品安全问题最让人们______。
7. 客人______主人菜做得好，主人请客人多吃点儿。
8. 因为生意失败，公司______了不少钱。
9. 我们对这个问题进行了认真的______。
10. 上海既______大海，又______长江，交通很方便。

四、选择填空。

1. 你真______，这次考试竟然考了 100 分。

A. 了不起　　B. 对不起

2. 在图书馆借书，应该按时还，你______不知道吗？

A. 难道　　B. 哪里

3.“养儿方知父母恩”的意思是“______自己做了父母，______懂得父母的辛苦”。

A. 只有……才……　　B. 只要……就……

4. 这么晚了，他还没来，______是忘了，我们给他打个电话吧。

A. 没有　　B. 没准儿

5. 没想到，爸爸退休后______更忙了。

A. 反而　　B. 而且

6. 我的口语______你，你说得比我流利多了。

A. 比得上　　B. 比不上

7. 结婚是人生大事，______，你还是再考虑一下吧。

A. 看样子　　B. 依我看

8. 名牌运动鞋打折后跟普通运动鞋价钱______，可质量______。你还是买名牌的吧。

A. 差远了　　B. 差不多

HSK 拓展训练

一、请选出正确答案。

中国的第一运动______不是乒乓球，也不是羽毛球，而是麻将。有华人的地方就有麻将，无论是逢年过节，______朋友聚会，打麻将是中国人最普通______的休闲活动了。打麻将的时候，四位玩家要______自己面前的麻将牌两两“码”在一起，然后连成长长的一条，就像长城的样子，所以“打麻将”还有一个______叫“码长城”。

1. A. 既	B. 即	C. 就	D. 还
2. A. 都是	B. 也是	C. 还是	D. 而且
3. A. 不过	B. 不如	C. 不好	D. 也不
4. A. 在	B. 给	C. 对	D. 将
5. A. 笔名	B. 俗名	C. 大名	D. 姓名

二、请选出与短文内容一致的一项。

1. 42% 的人边开车边吃东西，30% 的人每年只清理车内一次，10% 的人从不打扫车内。研究人员发现，汽车方向盘上的细菌数量是公共厕所马桶盖的九倍，对不讲卫生的驾车族来说，汽车简直就是一个移动的垃圾桶。

   A. 大部分人边开车边吃东西
   B. 大部分人不常打扫车内卫生
   C. 汽车方向盘比公共厕所马桶盖更脏
   D. 汽车上应该准备一个垃圾桶

2. 中国森林面积达到了 19545.22 万公顷，森林覆盖率达 20.36%。其中，人工林面积居世界首位。中国持续开展了世界上最大规模的全民义务植树活动，29 年来，共有 115 亿人次参加了义务植树活动，总共植树 538.5 亿棵。

   A. 中国的森林面积居世界第一
   B. 中国已开展了 29 年全民义务植树活动
   C. 中国有 115 亿人参加过植树
   D. 中国一共有 538.5 亿棵树

第8单元

精读篇

《小红帽》里穿着老奶奶衣服的"狼外婆"、《狮子王》里想要杀死辛巴的土狼们、《三只小猪》里吹倒草房子的大灰狼……关于狼的故事，多得数不清。这一课讲的是一位教书先生和一只狼的故事。

读前准备

1. 下面哪些特点是关于狼的？

A. 食肉动物　B. 喜欢爬树　C. 成群活动　D. 鼻子很长
E. 夜间活动　F. 头上有角　G. 有花纹　H. 叫声可怕

2. 请说说狼与狗有哪些相似的地方、哪些不同的地方。

东郭先生和狼

阅读要求：约520字，阅读时间8.5分钟，答题时间15分钟。

从前，东郭住着一位教书先生。一天，他用驴驮着一袋[1]书到中山国去。

突然，一只受伤[2]的狼跑到他面前，对他说："先生，猎人[3]的箭[4]射[5]中了我，他还在追我，求求您，救[6]救我吧！以后我会好好报答[7]您的。"东郭先生觉得狼很可怜，就同意了。他让狼把身体

1. 袋（名）dài bag; sack
2. 受伤（动）shòu shāng be injured
3. 猎人（名）lièrén hunter
4. 箭（名）jiàn arrow
5. 射（动）shè shoot
6. 救（动）jiù save
7. 报答（动）bàodá repay; requite

缩[8]起来，藏[9]在自己的书袋里。

不一会儿，猎人追了上来，他问东郭先生："您看没看见一只狼？它往哪里跑了？"东郭先生摇摇头，说："没看见。"猎人信以为真，骑着马走了。

狼在书袋里听见猎人的马跑远了，就对东郭先生说："求求您把我放出来吧。"东郭先生把狼放了出来，不料[10]，狼刚出来，就恶狠狠[11]地对东郭先生说："我现在饿极了，你就再做一次好事，让我吃掉你吧。"说着，狼向东郭先生扑[12]去。

这时，恰好有一位农夫[13]扛着锄头[14]路过，东郭先生急忙[15]拉住他，给他讲了自己救狼，狼却要吃自己的事。狼一口否认[16]东郭先生救过它的命，农夫想了想说："你们两个的话，我都不相信，这只书袋这么小，怎么可能装下一只大狼呢？请再装一下，让我亲眼看一看。"

狼同意了，又缩成一团，让东郭先生把它装进了书袋里。狼刚一进书袋，农夫就立即[17]用绳子[18]把书袋口紧紧地系[19]了起来。农夫对东郭先生说："你竟然救狼，简直[20]太糊涂了。"说罢[21]，农夫举起锄头来，把狼打死了。

8. 缩（动）suō contract; shrink
9. 藏（动）cáng hide
10. 不料（副）búliào unexpectedly; to one's surprise
11. 恶狠狠（形）èhěnhěn fierce; ferocious
12. 扑（动）pū throw oneself on or at sth.
13. 农夫（名）nóngfū farmer
14. 锄头（名）chútou hoe
15. 急忙（副）jímáng in a hurry; hastily
16. 否认（动）fǒurèn deny; negate
17. 立即（副）lìjí immediately; at once
18. 绳子（名）shéngzi rope
19. 系（动）jì tie
20. 简直（副）jiǎnzhí simply; at all
21. 罢（动）bà finish

■■■ 语言点 ■■■

一、射中

"中"用在少数单音节动词后，做结果补语，中间可插入"得、不"，主要有两种意思：A. 表示由于对得很准，出去的物体触及了目标，如"射中、打中、投中"；B. 表示因为恰好符合某一标准，而达成了目的，如"猜中、选中、看中"等。

◆ 选择合适的词语填空。

A. 看中　　B. 投中　　C. 猜中　　D. 打中

1. 比赛的时候，他一枪就________了 10 环。

2. 小李________了一部新上市的手机，打算买下来。

3. 这场篮球比赛，他一共________了 3 个三分球。

4. 太好了，我________了，正确的答案是 C。

二、缩成

“成”用在动词后做补语，主要表示两种意思：A. 表示成功或实现，如“谈成、办成、去成”，可插入“得、不”，表示可能，如“谈得成 / 谈不成”“办得成 / 办不成”；B. 表示成为或变为，如“长成、变成、当成、读成、组成、翻译成、改编成”，这时必须带宾语，一般不能插入“得、不”。

◆ 选择合适的词语填空。

A. 组成　　B. 办成　　C. 读成　　D. 改编成

1. 听说有位导演打算把这部小说________电影。

2. 每班选 10 个人________一个队参加比赛。

3. 这件事只有他能________，你还是请他帮忙吧。

4. 四和十的发音很像，我常把四________十。

读后练习

一、根据课文，回答问题。

1. 谁打伤了狼？谁打死了狼？

2. 东郭先生为什么救狼？

二、根据课文，判断正误。

1. 东郭先生姓郭，是中山国人。（　）
2. 被猎人追杀的狼，求东郭先生救它。（　）
3. 东郭先生让狼藏在了自己的书袋里。（　）
4. 东郭先生告诉猎人他没看见狼。（　）
5. 猎人没有发现藏在书袋里的狼。（　）
6. 狼被救后决定报答东郭先生。（　）
7. 农夫看到狼扑向东郭先生，赶紧跑了过来。（　）
8. 东郭先生请农夫帮他打死狼。（　）
9. 农夫既不相信东郭先生，也不相信狼。（　）
10. 狼进过两次书袋，都被放了出来。（　）
11. 狼刚一进书袋，农夫就用锄头打死了它。（　）
12. 农夫觉得东郭先生是一个善良的人。（　）

三、根据课文，选择加点词语的正确解释。

1. 东郭住着一位教书先生

A. 卖书人　B. 老师　C. 读书人　D. 作家

2. 不一会儿，猎人追了上来

A. 一会儿　B. 好一会儿　C. 好久　D. 多会儿

3. 猎人信以为真，骑着马走了

A. 差点儿相信　B. 不能不相信
C. 不敢相信　D. 以为是真的

4. 不料，狼刚出来，就恶狠狠地对东郭先生说

A. 早知道　B. 谁知　C. 没想好　D. 不知道

5. 这时，恰好有一位农夫扛着锄头路过

A. 刚才　B. 正在　C. 正巧　D. 恰当

6. 请再装一下，让我亲眼看一看

A. 瞪大眼睛　　B. 睁开眼睛　　C. 眯起眼睛　　D. 用自己的眼睛

7. 狼同意了，又缩成一团

A. 变小变圆　　B. 变大变胖　　C. 变高变大　　D. 变来变去

8. 说罢，农夫举起锄头来，把狼打死了

A. 说吧　　B. 说好　　C. 说过　　D. 说完

四、选择与句子中加点词语意思相同的一个。

1. 猎人的箭射中了我。

A. 吃生豆角会中毒的。
B. 警察用枪打中了坏人的左手。
C. 他是我在旅行中认识的朋友。
D. 这个菜很漂亮，但是中看不中吃。

2. 农夫就立即用绳子把书袋口紧紧地系了起来。

A. 看起来，小李今天不会来了。
B. 春天到了，天气渐渐暖和起来了。
C. 请大家把书合起来，不要看书。
D. 农夫举起锄头来，把狼打死了。

五、根据课文，选择句子的正确解释。

1. 狼一口否认东郭先生救过它的命。

A. 狼完全不承认东郭先生救过它的命。
B. 狼不愿意东郭先生救它的命。
C. 狼不能肯定东郭先生救过它的命。
D. 狼不相信东郭先生救了它的命。

2. 这只书袋这么小，怎么可能装下一只大狼呢？

A. 书袋里的狼是从哪里来的呢？
B. 你不应该把大狼装在这么小的书袋里面。
C. 你是怎么把一只大狼装进小书袋里的？
D. 这只书袋很小，肯定装不进一只大狼。

六、根据课文，选择正确答案。

1. 下面哪项与课文内容不符？

   A. 东郭先生为了救狼竟然骗猎人
   B. 狼是保护动物，猎人打狼是不对的
   C. 狼竟然要吃掉救它的东郭先生
   D. 农夫把狼骗进袋子里打死了

2. 课文中的东郭先生是个什么样的人？

   A. 非常聪明的人
   B. 过分善良的人
   C. 喜欢骗人的人
   D. 不相信别人的人

七、联系课文，小组讨论下面问题。

请试着讲一讲你听到的或你们国家有关狼的故事。

泛读篇

1. 四个“二百五”

阅读要求：约 340 字，阅读时间 5.5 分钟，答题时间 10 分钟。

战国（公元前 475—公元前 221）时，有一个叫苏秦的人，他是六国①的宰相②。

一天，苏秦正在齐国办公，有人突然闯[1]进来，刺[2]伤了苏秦。苏秦伤得很重，临死前，他对齐王说：“我死后，请您将我五马分尸[3]，然后贴[4]出公告[5]，说我是秦国派来的奸细[6]，理应[7]杀头，所以

1. 闯 chuǎng
2. 刺 cì
3. 五马分尸 wǔmǎ-fēnshī
4. 贴 tiē
5. 公告 gōnggào
6. 奸细 jiānxì
7. 理应 lǐyīng

① 六国：战国时中国存在秦、齐、楚、燕、韩、赵、魏七个国家。秦国最强大，于是齐、楚、燕、韩、赵、魏六个国家（合称“六国”）联合起来对付秦国。

② 宰相（zǎixiàng）：中国古代最高的行政长官，大致相当于现在的总理。

您要赏[8]给杀我的人一千两黄金，那个凶手[9]看到公告后一定会来领赏的，这样您就可以抓住他了。”

苏秦一死，齐王就贴出了公告。公告刚一贴出，就有四个人来领赏，齐王说：“我听说凶手只有一个，你们可不能冒充[10]啊！”四个人都一口咬定是自己杀的。

齐王听了，连声说：“好好好，你们都是英雄[11]，替[12]我杀了奸细。这一千两黄金，你们打算怎么分啊？”四个人连忙说：“一人二百五。”

齐王一拍桌子，大声喊道：“来人，把这四个‘二百五’给我捆[13]起来，推出去杀了。”

8. 赏 shǎng
9. 凶手 xiōngshǒu
10. 冒充 màochōng
11. 英雄 yīngxióng
12. 替 tì
13. 捆 kǔn

一、根据课文，回答问题。

1. 苏秦是什么人？

1. 自称是自己杀死苏秦的一共有几个人？

二、根据课文，判断正误。

1. 苏秦在齐国被刺伤，因伤重而死。 (　　)
2. 齐王认为苏秦该杀，所以就把他五马分尸了。 (　　)
3. 齐王贴出公告是为了把凶手骗来。 (　　)
4. 四个人告诉齐王苏秦是他们一起杀的。 (　　)
5. 齐王按照苏秦的主意，抓到了凶手。 (　　)

三、根据课文，选择加点词语的正确解释。

1. 请您将我五马分尸，然后贴出公告

A. 广告　　B. 告诉　　C. 表示　　D. 通告

2. 说我是秦国派来的奸细，理应杀头

A. 敌人派入我方打听消息的人
B. 出卖自己国家的人
C. 违反法律的人
D. 说话不算数的人

3. 您要赏给杀我的人一千两黄金

A. 借　　B. 付　　C. 奖　　D. 交

4. 我听说凶手只有一个，你们可不能冒充啊

A. 假装　　B. 忘记　　C. 谎话　　D. 乱说

5. 四个人都一口咬定是自己杀的

A. 说了不算　　B. 坚决地说

C. 一起说　　D. 大声地说

四、选择与句子中加点词语意思相同的一个。

1. 我死后，请您将我五马分尸。

A. 请大家将手机关掉。

B. 会议将于周一下午举行。

C. 这次考试，我将将及格。

D. 听了她的话，我将信将疑。

2. 那个凶手看到公告后一定会来领赏的。

A. 这件衬衫的领子脏了。

B. 我知道在哪儿，我领你去吧。

C. 现在是 3∶2，中国队领先。

D. 请大家到办公室领教材。

2. 杯弓[1]蛇影

阅读要求：约 500 字，阅读时间 8 分钟，答题时间 10 分钟。

从前有个叫乐广的人，很喜欢交朋友，经常请朋友到家里喝酒。有一天，他又请了一位朋友到家里喝酒。

两个人一边喝一边聊，非常开心。聊着聊着，朋友突然说不喝了，起身回家了。乐广心里很纳闷儿[2]，他为什么突然不喝酒走了呢？

1. 弓 gōng

2. 纳闷儿 nàmènr

过了几天，也没见那位朋友再来，乐广便去朋友家看望。朋友病得很厉害，乐广问："前几天一起喝酒时，你还好好的，怎么一下子就病倒了呢？"

朋友犹豫[3]了半天，才说："那天你请我喝酒，我喝了几杯以后，突然发现杯子里有一条蛇，还在动呢。回家后我就浑身[4]不舒服，总觉得肚子里有一条小蛇，结果就病成了现在这个样子。"

回家的路上，乐广心想：酒杯里怎么会有蛇呢？一到家，乐广就坐在了朋友那天喝酒的凳子[5]上，面前放了一只酒杯，果然[6]他也看见杯子里有一条蛇的影子[7]。

这是怎么回事呢？乐广观察[8]了好久，终于找到了原因。他立刻把朋友请到家中，让朋友坐在上次喝酒的地方，给他斟[9]满一杯酒，说："你看看酒杯里有什么？"朋友看了一眼，紧张地说："跟上次一样，杯子里有一条蛇。"

乐广指着墙上挂着的一张弓，说："杯里的蛇其实就是这张弓的影子！"说完，他把弓取了下来，杯里的小蛇果然不见了。朋友恍然大悟[10]，一下子病就全好了。

3. 犹豫 yóuyù

4. 浑身 húnshēn

5. 凳子 dèngzi

6. 果然 guǒrán

7. 影子 yǐngzi

8. 观察 guānchá

9. 斟 zhēn

10. 恍然大悟 huǎngrándàwù

一、根据课文，选择加点词语的正确解释。

1. 乐广心里很纳闷儿

A. 着急　　B. 奇怪　　C. 生气　　D. 难过

2. 回家后我就浑身不舒服

A. 手脚　　B. 肚子　　C. 心里　　D. 从头到脚

3. 让朋友坐在上次喝酒的地方，给他斟满一杯酒

A. 放　　B. 注　　C. 倒　　D. 喝

4. 朋友恍然大悟，一下子病就全好了

A. 突然全明白了

B. 大吃一惊

C. 大叫一声

D. 一下子糊涂了

二、根据课文，选择正确答案。

1. 朋友为什么突然不喝酒走了？

A. 家里突然有事

B. 看到酒杯里有蛇

C. 觉得浑身不舒服

D. 肚子突然疼了起来

2. 朋友为什么病倒了？

A. 被蛇咬伤了肚子

B. 肚子里有一条蛇

C. 喝了有蛇的酒

D. 觉得肚子里有蛇

3. 关于“酒杯里的蛇”，下面哪种说法正确？

A. 有一条蛇不小心爬进了酒杯里

B. 酒杯里根本没有蛇，只有蛇的影子

C. 蛇本来在酒杯里，后来被喝进了肚子里

D. 酒杯里是弓的影子，看上去好像一条蛇

4. 关于“乐广和朋友”，下面哪种说法正确？

A. 乐广听说朋友病得很厉害，便去看望朋友

B. 乐广弄明白了为什么朋友说杯子里有蛇

C. 乐广请医生帮朋友看好了病

D. 朋友病好了以后，又到乐广家去喝酒

5.“杯弓蛇影”这个成语的意思是：

A. 疑神疑鬼，瞎担心

B. 犹犹豫豫，没主意

C. 慌里慌张，常出错

D. 傻里傻气，脑子笨

单元练习

一、朗读句子，注意加点词语的用法。

1. 不料

本来以为两点就能到家了，不料路上堵车，四点多才到家。
早上天气还好好的，不料午饭后却下起雨来了。
本想周末去逛街，不料公司要加班，去不成了。

2. 恰好

你要找的那本书恰好我这里有。
这块布恰好能做一条裙子。
我正要找他，恰好他打来电话。

3. 简直

你简直太糊涂了，出国怎么能不带护照呢？
他星期天还学习，简直太用功了。
她的汉语说得简直跟中国人一样好。

4. 罢

说罢，他头也不回地走了。
吃罢早饭，我们就出发了。
一曲唱罢，台下立即响起了热烈的掌声。

5. 理应

朋友有困难，我们理应帮忙。
东郭先生救了狼，狼理应感谢东郭先生。
理应八点开会，可是因为很多人迟到，所以会议八点十分才开始。

6. 果然

天气预报说今天有雨，果然下雨了。
听说在市场买东西可以砍价，我试了试，果然成功了。
吃完烤鸭，麦克高兴地说："北京烤鸭果然好吃！"

二、给下面的汉字注上拼音，然后选择填空。

射	缩	藏	救	系	刺	捆	扑	领	斟
____	____	____	____	____	____	____	____	____	____

1. 我把旧报纸用绳子______了起来。
2. 请大家把酒杯______满，来，为我们的友谊干杯！
3. 很可惜，球没有______中，打在了门柱上。
4. ______人哪，有人掉到河里啦。
5. 请新来的学生带着学生证到办公室______课本。
6. 妈妈把弟弟的游戏机______了起来，弟弟很生气。
7. 冬天房间里很冷，我______在被子里面睡觉。
8. 狼一下子就把羊______倒了。
9. 坏人用刀______伤了警察。
10. 幼儿园的运动会上，孩子们在比赛穿衣服、______鞋带。

三、给下面的词语注上拼音，然后选择填空。

报答	不料	亲眼	简直	否认	理应	冒充	浑身	果然	纳闷儿
____	____	____	____	____	____	____	____	____	____

1. 为了挣钱，有的商家用普通产品______名牌产品。
2. 乘坐地铁、公交时，年轻人______把座位让给老人。
3. 东郭先生救了狼，可狼不但不______，还要吃他。
4. 一说起明天的面试来，我就紧张，______不舒服。
5. 我想去北京旅行，______看一看故宫、长城、颐和园。
6. 买票的队伍太长了，______看不到队尾。
7. 早就听说小李娶了一位漂亮太太，今天一见，______漂亮。
8. 办公室里一个人都没有，我很______:“大家都去哪儿了呢？”
9. 这对明星夫妻______了他们已经离婚的说法。
10. 刚才还是大晴天，______突然下起雨来了。

四、选择合适的趋向补语填空。

上	下	过	去	出	起

1. 狼一从书袋里出来，就向东郭先生扑______。
2. 他抬______头，望着满天的星星。
3. 一个房间怎么住得______这么多人呢？
4. 我费了好大劲儿才追______大家。
5. 我的邮件刚一发______就收到了回信。
6. 女孩接______礼物，说了声：“谢谢。”

五、选择合适的结果补语填空。

掉	倒	成	伤	中	住

1. 他连着开了两枪都没有打______。
2. 风太大了，我都快被刮______了。
3. 他们的歌声吸引______了不少路人。
4. 妈妈做饭时不小心弄______了手。
5. 我认错了人，把他当______了我的同学。
6. 我不小心删______了一个重要的文件。

HSK拓展训练

一、请选出正确答案。

“五马分尸”是古代的一种死刑，是把犯人的头和四肢______绑在五辆车上，由五匹马拉着五辆车，五辆车一起______五个方向前进，犯人的身体就被撕开了。有人说，“五马分尸”用的______马，______牛，应该是“五牛分尸”；有人说，“五马分尸”只是传说，______根本不存在；大多数人认为“五马分尸”分的是尸体，不是______。

1. A. 分为　B. 别的　C. 分别　D. 一起
2. A. 对　B. 向　C. 从　D. 到
3. A. 不是　B. 因为　C. 而是　D. 就是
4. A. 而是　B. 所以　C. 就是　D. 不是
5. A. 其他　B. 其实　C. 实在　D. 真实
6. A. 死人　B. 真人　C. 人体　D. 活人

二、请选出与短文内容一致的一项。

1. 现在手机短信成了最流行的拜年方式，除了“新春快乐”“万事如意”这些传统问候语以外，还有很多精彩的拜年段子，如：“祝你：百事可乐！万事芬达！心情雪碧！天天娃哈哈！月月乐百事！年年高乐高！”

A. 现在流行用手机短信拜年
B. 拜年段子不如传统问候语
C. 中国有很多拜年的传统方式
D. 手机短信里有很多广告

2. 环保人士号召在餐厅用餐时不要使用一次性筷子。据统计，中国每年约生产 450 亿双一次性木筷；而一棵生长了 20 年的大树，仅能制成 3000 ～ 4000 双筷子。如此算来，我们一年大约要吃掉 1250 万棵树。

A. 环保人士号召大家不要用筷子
B. 我国每年生产 450 亿双筷子
C. 一棵大树可以做 4000 多双筷子
D. 为了生产一次性筷子，中国一年要用掉 1250 万棵树

第9单元

精读篇

俗话说，“千里姻缘一线牵”，这句话的意思是，男女婚姻是由月下老人用一根红线连在一起的。月下老人是中国传说中专门负责男女婚姻的神。这一课讲的是韦固遇到月下老人，月下老人带他见到他未来妻子的故事。

读前准备

1. 在选择结婚对象时，你认为最重要的三个条件是什么？

A. 学历	B. 家庭	C. 性格	D. 财富
E. 感情	F. 相貌	G. 能力	H. 职业

2. 成语“一见钟情”是什么意思？你相信“一见钟情”吗？

月下老人

阅读要求：约580字，阅读时间9.5分钟，答题时间15分钟。

韦固到宋城①去旅行，一天晚上，他在街上散步，为一位老人所吸引[1]。这位老人正在月光[2]下看一本又大又厚的书，身旁还放着一个装满红绳的袋子[3]。韦固好奇地问：“您看的是什么书呀？”老人

1. 吸引（动）xīyǐn attract; appeal to
2. 月光（名）yuèguāng moonlight
3. 袋子（名）dàizi sack; bag

① 宋城（Sòngchéng）：城镇名。

说："这是一本记载[4]天下男女婚姻[5]的书。"

"那您袋子里的红绳是做什么用的呢？"

"是用来系在夫妻[6]的脚上的，不管男女离得多么远，只要把红绳系在他们的脚上，他们就都一定会结[7]为夫妻。"

说完，老人拿着书和袋子，向集市走去，韦固好奇地跟在老人身后。这时，有一个又丑[8]又瞎[9]的女人抱着一个小女孩从对面走过来，老人转[10]身对韦固说："这个小女孩就是你将来[11]的妻子。"

韦固见那女人又丑又瞎，很生气，心想：要是把小女孩杀掉，她将来就不可能成为我的妻子了。于是，他立即跑过去，刺了小女孩一刀。等韦固回头再找老人时，老人已经不见了。

转眼[12]十四年过去了，韦固要结婚了，新娘[13]为刺史②的掌上明珠，长得很漂亮，只是脸上有一道[14]伤痕[15]。韦固问刺史："为什么她的脸上有伤痕呢？"刺史说："十四年前在宋城，保姆[16]抱着她从集市走过，有一个人竟然无缘无故[17]地刺了她一刀，幸好[18]没有生命[19]危险[20]，只留下这道伤痕。"

韦固立刻想起了十四年前的往事，他赶紧[21]问刺史："那个保姆是不是一个瞎子[22]？"刺史觉得很奇怪："不错，你怎么会知道呢？"

韦固心想：原来那位月下老人的话是真的。后来人们便相信男女婚姻是由月下老人系红绳决定的。

4. 记载（动）jìzǎi put down in writing
5. 婚姻（名）hūnyīn marriage; matrimony
6. 夫妻（名）fūqī husband and wife
7. 结（动）jié unite
8. 丑（形）chǒu ugly
9. 瞎（动）xiā blind; sightless
10. 转（动）zhuǎn turn
11. 将来（名）jiānglái future
12. 转眼（动）zhuǎnyǎn in a flash
13. 新娘（名）xīnniáng bride
14. 道（量）dào of orders, questions, etc.
15. 伤痕（名）shānghén scar; bruise
16. 保姆（名）bǎomǔ babysitter
17. 缘故（名）yuángù cause; reason
18. 幸好（副）xìnghǎo fortunately; luckily
19. 生命（名）shēngmìng life
20. 危险（形）wēixiǎn dangerous; perilous
21. 赶紧（副）gǎnjǐn lose no time
22. 瞎子（名）xiāzi a blind person

语言点

一、杀掉

"掉"用在某些动词后面做补语，可插入"得、不"，主要表示两种意思：A. 表示事物随动作而去除，如"卖掉、吃掉、用掉、忘掉、洗掉"等；B. 表示事物随动作而离开，如"跑掉、死掉、逃掉"等。

② 刺史（cìshǐ）：官名，古代指一州之长。

◆ 选择合适的词语填空。

A. 洗掉　　B. 卖掉　　C. 死掉　　D. 忘掉

1. 不愉快的事情我总是很快就________了。
2. 我想了很多办法，还是没________衣服上的油点。
3. 我买了一辆新车，把旧车________了。
4. 我忘了给鱼缸换水，结果金鱼都________了。

二、无缘无故

“无～无～”表示没有，可以把一个双音词拆开，插入“无～无～”，如“无缘无故、无边无际、无穷无尽”；也可插入意思相近的两个单音节名词，如“无声无息、无儿无女”。

◆ 选择合适的词语填空。

A. 无穷无尽　　B. 无声无息　　C. 无儿无女　　D. 无边无际

1. 这对老夫妻________，生活十分困难。
2. 雪花________地从天空飘下，大地一片白色。
3. 俗话说“活到老学到老”，这是因为知识是________的。
4. 船在________的大海上航行了一个月，终于见到了陆地。

读后练习

一、根据课文，回答问题。

1. 月下老人的那本又大又厚的书上写的是什么？
2. 月下老人的袋子里装着什么？有什么用处？

二、根据课文，判断正误。

1. 月下老人写了一本关于天下婚姻的书。　（　）
2. 月下老人把红绳送给夫妻，让他们系在脚上。　（　）

3. 月下老人带韦固见到了他将来的妻子。（　）

4. 十四年前，韦固在宋城集市见过刺史的女儿。（　）

5. 小女孩的父亲是刺史，但母亲又丑又瞎。（　）

6. 韦固见小女孩又丑又瞎，就想刺死她。（　）

7. 韦固刺了小女孩一刀，但小女孩没有死。（　）

8. 小女孩被刺伤后，在脸上留下了一道伤痕。（　）

9. 韦固给刺史讲起十四年前的事情。（　）

10. 刺史不知道刺伤自己女儿的人就是韦固。（　）

11. 刺史很奇怪韦固知道自己女儿的保姆是瞎子。（　）

12. 人们相信男女婚姻是由月下老人系红绳决定的。（　）

三、根据课文，选择加点词语的正确解释。

1. 一天晚上，他在街上散步，为一位老人所吸引

A. 被　　B. 把　　C. 对　　D. 从

2. 韦固好奇地问:“您看的是什么书呀？”

A. 不好意思　　B. 十分担心　　C. 有意思　　D. 感兴趣

3. 这是一本记载天下男女婚姻的书

A. 人间　　B. 人们　　C. 人类　　D. 人生

4. 不管男女离得多么远，只要把红绳系在他们的脚上，他们就都一定会结为夫妻

A. 虽然　　B. 如果　　C. 不论　　D. 尽管

5. 韦固要结婚了，新娘为刺史的掌上明珠

A. 女友　　B. 女儿　　C. 女人　　D. 儿子

6. 有一个人竟然无缘无故地刺了她一刀

A. 毫无结果　　B. 毫无准备　　C. 毫无办法　　D. 毫无理由

7. 幸好没有生命危险

A. 幸福　　B. 幸运　　C. 幸亏　　D. 正好

8. 韦固立刻想起了十四年前的往事

A. 常见的事情　　B. 过去的事情
C. 交往的事情　　D. 听说的事情

四、选择与句子中加点词语意思相同的一个。

1. 只要把红绳系在他们的脚上，他们就都一定会结为夫妻。

A. 韦固在街上散步，为一位老人所吸引。
B. 韦固要结婚了，对方为刺史的掌上明珠。
C. 你放心吧，我一定会尽力而为。
D. 李明被同学们选为班长了。

2. 人们便相信男女婚姻是由月下老人系红绳决定的。

A. 每个单元由三篇课文和一个单元练习组成。
B. 小朋友，你会数数吗？你能由 1 数到 100 吗？
C. 现在由我来给大家介绍今天的日程安排。
D. 由于工作太忙，我没有时间出去玩儿。

五、根据课文，按照故事发生的顺序，给下面的句子排序。

1 韦固去宋城旅行，遇到了月下老人。
___ 韦固用刀刺伤了刺史的女儿。
___ 韦固知道自己十四年前刺伤的人是谁了。
___ 韦固发现刺史的女儿脸上有一道伤痕。
___ 保姆抱着刺史的女儿在集市上走。
___ 韦固和刺史的女儿准备结婚。
___ 月下老人告诉韦固他将来的妻子是谁。

六、联系课文，小组讨论下面问题。

1. 如果刺史的女儿发现韦固就是当年刺伤她的人，将会发生什么呢？

2. 你知道其他的有关男女婚姻的传说吗？请试着讲一讲。

泛读篇

1. 滥竽充数[1]

阅读要求：约 320 字，阅读时间 5 分钟，答题时间 10 分钟。

古时候，有一位国王，他喜欢听吹竽，尤其喜欢听很多人一起吹竽。吹竽的人越多，声音越大，他就听得越高兴。所以每次他总是叫三百个乐师[2]一起吹给他听。

有一位南郭先生，听说了国王的这个爱好以后，觉得是个好机会。他请人向国王介绍，说自己是吹竽的高手，国王便让他加入[3]了乐队[4]。

其实南郭先生根本不会吹竽。每次演奏[5]的时候，他就混[6]在乐队中间，假装[7]十分卖力地吹竽，其实他的竽一点儿声音也没有。

南郭先生混了一天又一天，和其他乐师一样，每月都从国王那里领到很多钱。

后来，国王死了，国王的儿子当上了国王。这位新国王也喜欢听吹竽，不过，他不爱听很多人一起吹，他喜欢听一个人吹，他让乐师们一个个单独吹给他听。

南郭先生再也混不下去了，只好收拾[8]行李[9]，悄悄[10]地溜[11]走了。

1. 滥竽充数 lànyú-chōngshù
2. 乐师 yuèshī
3. 加入 jiārù
4. 乐队 yuèduì
5. 演奏 yǎnzòu
6. 混 hùn
7. 假装 jiǎzhuāng
8. 收拾 shōushi
9. 行李 xíngli
10. 悄悄 qiāoqiāo
11. 溜 liū

一、根据课文，回答问题。

1. 老国王和新国王的爱好有什么不同？

2. 南郭先生为什么悄悄地溜走了？

二、根据课文，判断正误。

1. 国王和他的儿子都喜欢吹竽。（　）
2. 南郭先生对国王说他很会吹竽，国王就让他参加了乐队。（　）
3. 南郭先生利用老国王的爱好，在乐队里混了很长时间。（　）
4. 虽然南郭先生吹得很卖力，但是他的竽还是不出声音。（　）
5. 新国王发现南郭先生不会吹竽，就让他离开了乐队。（　）

三、根据课文，选择加点词语的正确解释。

1. 他喜欢听吹竽，尤其喜欢听很多人一起吹竽

A. 其他　　B. 特别　　C. 其实　　D. 还是

2. 每次他总是叫三百个乐师一起吹给他听

A. 乐队里的音乐老师　　B. 乐队老师
C. 从事音乐演奏的人　　D. 音乐老师

3. 他请人向国王介绍，说自己是吹竽的高手

A. 受欢迎的人　　B. 名气大的人
C. 水平高的人　　D. 个子高的人

4. 他就混在乐队中间，假装十分卖力地吹竽

A. 尽力　　B. 吃力　　C. 有力　　D. 力量

四、选择与句子中加点词语意思相同的一个。

1. 每次他总是叫三百个乐师一起吹给他听。

A. 在网上认识的朋友叫“网友”。
B. 妈妈叫我早点儿回家。
C. 我们叫了外卖，还没送来。
D. 一大早，邻居家的狗就叫个不停。

2. 南郭先生再也混不下去了。

A. 我常常把这两个词搞混。
B. “混蛋”是骂人的话。

C. 南郭先生混了一天又一天。

D. 你不懂就算了，别混出主意。

五、根据课文，选择正确答案。

1. 下面哪一项与课文内容相符？

A. 南郭先生的竽坏了，怎么吹都没有声音

B. 老国王特别喜欢听南郭先生吹竽

C. 新国王不喜欢听南郭先生吹竽

D. 南郭先生最后没法骗人了，只好离开

2.“滥竽充数”这个成语的意思可能是：

A. 不好的东西混在好东西里

B. 把假的当成了真的

C. 看不出来是真的还是假的

D. 把好东西混在不好的东西里

2. 理想[1]与现实[2]

阅读要求：约 520 字，阅读时间 8.5 分钟，答题时间 10 分钟。

刘先生和李小姐是两个平凡[3]的人。26 岁那年，一位既认识刘先生又认识李小姐的人介绍两人谈朋友。听了介绍，两人都觉得对方很平凡：平凡的家庭，平凡的工作。见面以后，发现对方长得也那么平凡，犹豫了几天以后，两人都回绝[4]了介绍人。

第二年，又有人给他俩介绍对象[5]，这次介绍人是两个，一个认识刘先生，一个认识李小姐。刘先生和李小姐连对方的名字都没问就见了面。“原来是你！”两个人见了面忍不住说。他们简单聊了几句就分开了，当然也没有谈下去。

第三年，又有人给他俩介绍。这次两个人弄明白了对方是谁，但是都痛痛快[6]快地答应见面。见了面李小姐笑了，刘先生也笑了。李小姐热情地

1. 理想 lǐxiǎng
2. 现实 xiànshí
3. 平凡 píngfán
4. 回绝 huíjué
5. 对象 duìxiàng
6. 痛快 tòngkuài

说："看来咱俩还真有缘分[7]。"刘先生说："那咱们就结婚吧！"那口气就好像两个人已经恋爱[8]了很长时间一样。

婚后的一天，刘先生问李小姐："你为什么前两次都拒绝[9]了我，而最后又接受[10]了我呢？"李小姐说："第一次拒绝是因为你与我理想的丈夫还有点儿距离[11]；第二次拒绝是因为有过一次拒绝的经历[12]；第三次接受你是因为觉得我们有缘分。那你呢？为什么？"刘先生想了想，说："通过不同人对你的介绍以及几次见面，我发现你虽然很平凡，但人不错，也挺适合我的。而且我也明白了人的理想总是高于现实，但现实才是最真实的！"

7. 缘分 yuánfèn
8. 恋爱 liàn'ài
9. 拒绝 jùjué
10. 接受 jiēshòu
11. 距离 jùlí
12. 经历 jīnglì

一、根据课文，回答问题。

1. 第一次见面时，刘先生和李小姐觉得对方怎么样？

2. 故事的结尾，刘先生和李小姐怎么样了？

二、根据课文，判断正误。

1. 一共有三个人给刘先生和李小姐做过介绍人。 (　　)
2. 刘先生和李小姐第一次没谈朋友是因为觉得对方太普通。 (　　)
3. 刘先生和李小姐前两次没在一起的理由是相同的。 (　　)
4. 第二次见面前，刘先生和李小姐忘了问对方的名字。 (　　)
5. 刘先生和李小姐恋爱三年后结婚了。 (　　)
6. 刘先生和李小姐结婚是因为他们都很相信缘分。 (　　)

三、根据课文，选择加点词语的正确解释。

1. 刘先生和李小姐是两个平凡的人

A. 普通　　B. 聪明　　C. 可爱　　D. 熟悉

2. 犹豫了几天以后，两人都回绝了介绍人

A. 不知道怎么拒绝　　B. 回家后才拒绝
C. 不愿意回答　　D. 回答说不同意

3. 看来咱俩还真有缘分

A. 朋友介绍的机会
B. 跟人相处的能力
C. 命中注定的相遇机会
D. 一出生就有的能力

4. 那口气就好像两个人已经恋爱了很长时间一样

A. 说话时的语气
B. 说话时的心情
C. 说话时的发音
D. 说话时的样子

5. 你为什么前两次都拒绝了我，而最后又接受了我呢

A. 而且　　B. 而是　　C. 但是　　D. 因而

四、根据课文，选择句子的正确解释。

1. 你与我理想的丈夫还有点儿距离。

A. 你比我理想的丈夫更好。
B. 你比我理想的丈夫要差一点儿。
C. 我和丈夫各有各的理想。
D. 我和丈夫之间的距离有点儿远。

2. 人的理想总是高于现实。

A. 现实和理想总是不一样。
B. 现实总是比理想更好。
C. 现实总是没有理想那么好。
D. 理想不一定比现实好。

单元练习

一、朗读句子，注意词语的用法。

1. 为……所……

一定要小心，不要为坏人所利用。
儿童很容易为网络游戏所吸引，对游戏入迷。
张艺谋是著名导演，他的电影为中国观众所喜爱。

2. 不管……，都 / 也……

不管父母同意不同意，她都要考电影学院。
不管你什么时候来，我都欢迎。
不管结果怎么样，我都 / 也不会怪你。

3. 幸好

下雨了，幸好我带雨伞了，才没有挨淋。
今天上课听写了，幸好我昨天晚上复习生词了。
幸好我今天出来得早，不然这么堵车，我准得迟到。

4. 尤其

我喜欢运动，尤其是打篮球。
他的汉语水平很高，尤其是口语。
我喜欢吃中国菜，尤其喜欢吃北京烤鸭。

5. 既……又……

包子既便宜又好吃。
坐地铁上班既省钱，又不会堵车。
他是一个既会工作又会生活的人。

6. 形容词 + 于

学法语的学生多于学汉语的学生。
请你写出大于 1 小于 10 的整数。
我校今年考上重点大学的人数大大多于往年。

二、给下面的汉字注上拼音，然后选择填空。

丑	结	道	转	混	吹	溜	弄	谈	忍
______	______	______	______	______	______	______	______	______	______

1. 东施长得很______，可她却自以为很美。
2. 问了好几个人，我才把这个问题______明白。
3. 我刚______身准备离开，他就到了。
4. 听说小张在跟他的同事小李______恋爱。
5. 上课的时候，我们四个人______成一个小组，练习会话。
6. 有人喜欢把啤酒和雪碧______在一起喝。
7. 我小时候学过______笛子，不过现在已经忘了。
8. 这个故事太有意思了，大家都______不住大笑起来。
9. 我小时候有一次不小心撞在了桌子上，到现在头上还有一______伤痕呢。
10. 小偷______进房间，从我包里偷走了钱包和手机。

三、给下面的词语注上拼音，然后选择填空。

收拾	记载	危险	吸引	缘故	演奏	假装	犹豫	赶紧	缘分
______	______	______	______	______	______	______	______	______	______

1. 听见开门声，他______关了电脑，假装在写作业。
2. 《史记》______了约 3000 年的历史。
3. 没想到在这儿遇到你了，真是______，这就叫“有缘千里来相会”吧！
4. 她______了一会儿，才在文件上签了字。
5. 这个电影很没意思，一点儿也不______人。
6. 我每天晚上都______好第二天要用的东西。
7. 这个学生因为______生病不来上课，受到了老师的批评。
8. 过马路要走人行道，横穿马路太______了。
9. 运动会突然取消了，大家都不知道是什么______。
10. 聚会的时候，他为大家______了一首中国曲子。

四、选择填空。

1. 鲁迅是一位______中国人民______熟悉和喜爱的作家。

   A. 为……所……　　B. 因为……所以……

2. ______土豆怎么做，我______喜欢吃。

   A. 越……越……　　B. 不管……都……

3. ______我提前预订了座位，要不得排很长时间的队。

   A. 幸好　　B. 幸运

4. 这件事你一个人说了不算，要______大家投票决定。

   A. 因　　B. 由

5. 我觉得汉语的发音很难，______是声调。

   A. 尤其　　B. 其实

6. 我对你的建议很感兴趣，请你说______。

   A. 下去　　B. 起来

7. 小李最近瘦得厉害，见了面，朋友们都______问："你病了吗？"

   A. 懒得　　B. 忍不住

8. 你的成绩高______平均分，已经不错了。

   A. 比　　B. 于

HSK 拓展训练

一、请选出正确答案。

中国用 12 种动物______12 个属相，所以每过 12 年就会遇到与自己出生那年属相______的年份，这一年就是自己的本命年。中国人认为，本命年容易______不好的事。______免灾，人们往往要穿上红色的内衣、红色的袜子，系上红色的腰带等，因为中国人觉得红色______能带来好运，而且可以免灾。

1. A. 表达	B. 完成	C. 代表	D. 说明
2. A. 不同	B. 相同	C. 一起	D. 互相
3. A. 看见	B. 来到	C. 发生	D. 进行
4. A. 为了	B. 因为	C. 所以	D. 由于
5. A. 不是	B. 虽然	C. 如果	D. 不仅

二、请选出与短文内容一致的一项。

1. 吃醋好处很多，但一定要适量。在日常生活中，醋一次不能吃太多：成人每天可食用 20 ～ 40 克，最多不超过 100 克；老人、儿童以及病人应该根据自己的健康情况，减少食量。过量食醋会影响钙的吸收，使人骨质疏松。空腹时食醋，会伤胃。

   A. 过量食醋会影响健康
   B. 成人每天可食醋 100 克以上
   C. 老人、儿童以及病人不能食醋
   D. 醋最好在空腹时食用

2. 饭前和饭后半小时最好不要吃水果，因为水果在胃里停留的时间超过半小时就会变质，而含油脂的食物，比如肉、炒蔬菜等，能停留一个小时。当它们一同在胃里时，油脂先被消化，水果后消化，变质的水果对人体有害。

   A. 水果应该在饭前和饭后吃
   B. 水果在胃里超过半小时会变质
   C. 水果比油脂食物消化得快
   D. 吃变质的水果对身体有害

第 10 单元

精读篇

生活中，我们常要面对别人对我们进行的各种各样的预言。面对这些预言，我们该怎么做？这一课要讲的是一位女画家的故事，她曾经被预言“只能以教画为生”，但是她通过努力粉碎了别人的预言。

■■■ 读前准备 ■■■

1. 成功的人应具有哪些条件和品质？请选择你认为最重要的三个？

A. 脑子聪明	B. 努力	C. 有计划	D. 积极主动
E. 善于交流	F. 自信	G. 有目标	H. 性格好

2. 你喜欢画画吗？你最喜欢的画家是谁？

预言[1]

阅读要求：约 580 字，阅读时间 9.5 分钟，答题时间 15 分钟。

在一所著名[2]的艺术[3]学校里，一位男生正在为找不到自己的肖像[4]模特儿[5]而发愁[6]。这位男生

1. 预言（动 / 名）yùyán predicate; prophesy
2. 著名（形）zhùmíng famous
3. 艺术（名）yìshù art
4. 肖像（名）xiàoxiàng portrait; portraiture
5. 模特儿（名）mótèr model
6. 发愁（动）fā chóu worry; be anxious

各方面的条件都很优秀[7]，画得也很出色[8]，但却是一个自以为是[9]的人，他说话很不客气，谁都不放在眼里。因此，没有女生愿意做他的模特儿。

男生只好把希望放在了同校最不起眼的一个女生身上，她长得很普通，穿着[10]也很普通……要不是现在急着找模特儿，他才不会理她呢。

这位女生虽然没有拒绝，但也没有马上答应。看到女生还有一些犹豫，男生便接着[11]说："没关系，我以后会成为大画家，而你可能只能以教画为生。"

这话是什么意思呢？你尽管[12]放心，你将来只不过是个普普通通的老师，因此我给你画的肖像即使传出去，也不会影响你的形象[13]，因为谁认识你啊？而且等我以后成了大画家，你还会因为我给你画的肖像而出名[14]呢，这对你来说可是个难得[15]的好机会啊。

明明[16]是求别人帮忙，话却说得这么难听，一般人肯定不会答应做他的模特儿的。可这位女生不但没有生气，反而痛快地答应了男生的请求[17]，做他的肖像模特儿。

八年后，这位被预言"只能以教画为生"的女生，成功地在全国最有名的美术馆举办[18]了个人画展[19]，成了著名的女画家；而那位男生却一生[20]默默无闻，留下的唯一[21]作品[22]就是他为女画家画的那幅肖像。

我们无法阻止[23]别人对自己的"预言"，但我们可以像这位女画家那样，不把别人的"预言"放在心上，努力做好自己的事，用自己的成功粉碎[24]别人的"预言"。

7. 优秀（形）yōuxiù outstanding; excellent
8. 出色（形）chūsè outstanding; remarkable
9. 自以为是 zìyǐwéishì be self-righteous; believe sth. to be correct opinionately
10. 穿着（名）chuānzhuó dress; apparel
11. 接着（副）jiēzhe continuously
12. 尽管（副）jǐnguǎn not hesitate to
13. 形象（名）xíngxiàng image
14. 出名（形）chūmíng famous; well-known
15. 难得（形）nándé hard or not possible to come by
16. 明明（副）míngmíng obviously
17. 请求（动 / 名）qǐngqiú request; ask
18. 举办（动）jǔbàn hold
19. 画展（名）huàzhǎn art exhibition
20. 一生（名）yìshēng all one's life; a lifetime
21. 唯一（形）wéiyī only; sole
22. 作品（名）zuòpǐn works; opus
23. 阻止（动）zǔzhǐ stop; prevent
24. 粉碎（动）fěnsuì smash; break into pieces

语言点

一、不放在眼里、不起眼

“不放在眼里”是“看不起”的意思；“不起眼”是“太普通了，不被人注意”的意思。汉语中有很多跟“眼”字有关的俗语，常用的有“眼中钉、二五眼、红眼病、抢眼、眼馋（chán）”等。

◆ 不查词典，试着将下面的俗语与意思连起来。

1. 眼馋	A. 对别人的名或利心怀嫉妒的毛病
2. 眼中钉	B. 称能力差的人
3. 二五眼	C. 很显眼，引人注目
4. 红眼病	D. 指不喜欢的人、讨厌的人
5. 抢眼	E. 很想得到

二、难得、难听

“难＋动词”主要表示两种意思：A. 表示做起来很费力，不容易，如“难学、难写、难走、难得”等；B. 表示使人不舒服的，如“难看、难听、难吃、难闻”等。与“难＋动词”意思和用法相对的是“好＋动词”，前者如“好学、好写、好用、好办”等；后者如“好看、好听、好吃、好闻”等。

◆ 选择合适的词语填空。

A. 好办　　B. 好用　　C. 难走　　D. 难听

1. 小明唱歌很________。
2. 这件事不太________，我也帮不了你。
3. 这条路真________，总是堵车。
4. 这支笔不太________，你有笔吗？借我一支。

读后练习

一、根据课文，回答问题。

1. 女生们为什么不愿意做这位男生的模特儿？
2. 男生的预言是什么？他的预言成为现实了吗？

二、根据课文，判断正误。

1. 因为找不到合适的模特儿，男生一直在发愁。（　）
2. 女画家年轻时靠在艺术学校当肖像模特儿生活。（　）
3. 男生认为自己画的肖像会让这位女生出名。（　）
4. 男生认为自己以后能成为画家，而这位女生不可能。（　）
5. 女生开始有一些犹豫，后来痛快地答应了男生的请求。（　）
6. 女画家在个人画展中展出了男生给她画的肖像。（　）
7. 男生后来因为女画家的那幅肖像而出名。（　）
8. 女画家用自己的成功粉碎了男生成为大画家的梦想。（　）

三、根据课文，选择加点词语的正确解释。

1. 这位男生各方面的条件都很优秀，画得也很出色

A. 颜色漂亮　B. 普普通通　C. 色彩不同　D. 超过一般

2. 他说话很不客气，谁都不放在眼里

A. 看不起　B. 看不到　C. 看不清　D. 看不完

3. 男生只好把希望放在了同校最不起眼的一个女生身上

A. 最不熟悉　B. 最不引人注意
C. 最没有眼光　D. 眼睛最小

4. 你可能只能以教画为生

A. 为了　B. 以为　C. 依靠　D. 因为

5. 你尽管放心

A. 完全可以　　B. 没有必要
C. 不管怎么　　D. 不要那么

6. 你将来只不过是个普普通通的老师

A. 仅仅　　B. 还好　　C. 只好　　D. 至少

7. 那位男生却一生默默无闻

A. 同意但没有说出来　　B. 没有名气，不被人知道
C. 自言自语地说　　D. 不跟朋友们联系

8. 我们可以像这位女画家那样，不把别人的“预言”放在心上

A. 满意　　B. 小心　　C. 注意　　D. 在意

四、选择与句子中加点词语意思相同的一个。

1. 一位男生正在为找不到自己的肖像模特儿而发愁。

A. 我在北京的留学生活紧张而愉快。
B. 我很努力，而成绩还是不太理想。
C. 四川因为出产大熊猫而出名。
D. 我不是没有意见，而是不想说。

2. 要不是现在急着找模特儿，他才不会理她呢。

A. 我去理个发，一会儿就回来。
B. 吵架以后，他俩就谁也不理谁了。
C. 我是学文的，我爱人是学理的。
D. 你讲不讲理？撞了我，还骂人！

五、根据课文，选择句子的正确解释。

1. ……肖像即使传出去，也不会影响你的形象。

A. 如果肖像传出去，就会影响你的形象。
B. 就是肖像传出去，也不会影响你的形象。
C. 如果肖像不传出去，就不会影响你的形象。
D. 只有肖像传出去，才会影响你的形象。

2. 女生不但没有生气，反而痛快地答应了男生的请求。

A. 女生虽然生气，但是痛快地答应了男生的请求。
B. 女生因为生气而没有答应男生的请求。
C. 女生不但生气，而且没有答应男生的请求。
D. 女生没有生气，而且痛快地答应了男生的请求。

六、根据课文，选择正确答案。

1. 下面哪一项与课文内容相符？

A. 男生因为要求太高而找不到模特儿
B. 女生上学时各方面都很普通，并不优秀
C. 男生没有成为大画家是因为女生的预言
D. 女生因为男生太自以为是而拒绝做他的模特儿

2. 这篇文章主要告诉我们什么？

A. 各方面都很优秀的人不一定能成功
B. 人应该用自己的成功粉碎别人对自己的轻视
C. 成功的总是那些最不起眼的人
D. 即使不愿意，也应该尽量帮助别人

七、联系课文，小组讨论下面问题。

如果有一天，那位男生碰巧遇到了女画家，他们两人会说些什么呢？

泛读篇

1. 言外之意[1]

阅读要求：约 320 字，阅读时间 5 分钟，答题时间 10 分钟。

星期天，张三请客。李四、王五、赵六三位客人都到了。约好的时间已经过了，马七还没来，张三心里很着急，就随口[2]说：“怎么搞的，该来的还不来？”

1. 言外之意 yánwàizhīyì

2. 随口 suíkǒu

李四在一旁[3]听了，心想："该来的不来，那我们是不该来的了？"于是也没跟张三打招呼，就悄悄走了。

张三一看李四走了，就更着急了，自言自语[4]地说："你看，不该走的怎么又走了呢？"

王五一听，心里很不是滋味[5]："李四是不该走的，那我们就是该走的了！"于是王五也气呼呼[6]地走了。

赵六平时[7]跟张三关系最好，他看张三一连[8]气走了两位客人，就提醒[9]张三："你说话要注意一点儿，要不会得罪[10]人的。"张三急忙解释说："可我说的不是他们呀！"赵六一听，也火[11]了："你不是说他们，那你说的就是我了。"说完，赵六头也不回地离开了。

3. 一旁 yìpáng

4. 自言自语 zìyán-zìyǔ

5. 滋味 zīwèi

6. 气呼呼 qìhūhū

7. 平时 píngshí

8. 一连 yìlián

9. 提醒 tíxǐng

10. 得罪 dézuì

11. 火 huǒ

一、"言外之意"是什么意思？下面句子的"言外之意"是什么？

1. 张山说"该来的还不来"，言外之意是____________________。

2. 张山说"不该走的又走了"，言外之意是____________________。

3. 张山说"我说的不是他们"，言外之意是____________________。

二、根据课文，选择加点词语的正确解释。

1. 张三心里很着急，就随口说

A. 急忙　　B. 大声　　C. 顺口　　D. 马上

2. 怎么搞的，该来的还不来

A. 怎么办　　B. 怎么回事　　C. 怎么样　　D. 怎么啦

3. 张三一看李四走了，就更着急了，自言自语地说

A. 自己说自己　　B. 不言不语　　C. 自己的语言　　D. 自己跟自己说话

4. 王五一听，心里很不是滋味

A. 不放心　　B. 不舒服　　C. 不好听　　D. 不明白

5. 张三一连气走了两位客人

A. 一共　　B. 一起　　C. 一直　　D. 连续

6. 你说话要注意一点儿，要不会得罪人的

A. 不然　　B. 不要　　C. 要是　　D. 但是

7. 你说话要注意一点儿，要不会得罪人的

A. 让人失败　　B. 让人不愉快　　C. 让人犯错误　　D. 让人离开

三、选择与句子中加点词语意思相同的一个。

1. 约好的时间已经过了，马七还没来。

A. 过马路时，要小心汽车。
B. 王府井站过了，我们忘了下车。
C. 考试前，我把生词又过了一遍。
D. 晚饭吃得过多，对身体不好。

2. 赵六一听，也火了。

A. 那场森林大火烧了两个星期。
B. 我有点儿上火，脸上长了个包。
C. 这款手机最近卖得很火。
D. 他一听就火了，摔门走了。

四、根据课文，选择正确答案。

1. 关于张三，下面哪一项与课文内容不符？

A. 星期天张三请了四位客人
B. 张三说话不注意，得罪了朋友
C. 张三请的客人全都被他气走了
D. 张三的话特别容易让人误会

2. 从这篇故事中，我们知道了什么？

A. 不要交不准时的朋友
B. 说话不注意很容易得罪人
C. 去做客时一定不要迟到
D. 要多提醒朋友注意说话

2. 伯乐①相[1]马

阅读要求：约 440 字，阅读时间 7 分钟，答题时间 10 分钟。

楚王②想买一匹日行千里的骏马，他听说伯乐是识别[2]骏马的高手，就请伯乐帮他去买马。

伯乐去了出产[3]名马的燕国和赵国③，没有发现中意[4]的骏马。回楚国的路上，伯乐看到一匹马拉着车，累得气喘吁吁的，不由得走了过去。那匹马突然扬起头，大声嘶鸣[5]，伯乐一听，就知道是一匹难得的好马。

伯乐对车夫[6]说："这是一匹好马，用来拉车，太可惜[7]了，你把它卖给我吧。"车夫觉得伯乐真是个大傻瓜[8]，这匹马这么瘦，连拉车都没有力气，怎么可能是好马呢？于是，车夫毫不犹豫地同意了。

伯乐把马牵[9]到楚王面前，楚王见这匹马瘦得不成样子，有点儿不高兴，说："我相信你会看马，才让你买马，可你买的是什么马呀？这么瘦，能上战场[10]吗？"

伯乐说："这确实是一匹千里马，不过拉了一段时间车，所以很瘦。只要好好儿喂养[11]，很快就会恢复[12]的。"

楚王将信将疑，他让马夫[13]认真喂马，果然，马越来越强壮[14]。楚王骑上马，觉得两耳生风，一会儿工夫[15]，就跑出了百里之外。

后来这匹马成了楚王最心爱的战马，如果没有遇到伯乐，这匹千里马也许一生都在拉车呢。

1. 相 xiàng
2. 识别 shíbié
3. 出产 chūchǎn
4. 中意 zhōngyì
5. 嘶鸣 sīmíng
6. 车夫 chēfū
7. 可惜 kěxī
8. 傻瓜 shǎguā
9. 牵 qiān
10. 战场 zhànchǎng
11. 喂养 wèiyǎng
12. 恢复 huīfù
13. 马夫 mǎfū
14. 强壮 qiángzhuàng
15. 工夫 gōngfu

一、根据课文，回答问题。

1. 楚王想买什么样的马？

2. 那匹马开始被用来做什么？后来被用来做什么？

① 伯乐（Bólè）：人名，以能识别好马著称。

② 楚王：楚国国王。楚国，春秋战国时期国名，在今湖北一带。

③ 燕国、赵国：春秋战国时期国名，分别在今河北、京津一带。

二、根据课文，判断正误。

1. 楚王让伯乐去燕国和赵国买好马。（　）
2. 伯乐一听马的叫声，就知道是好马。（　）
3. 车夫觉得用好马拉车太可惜了，就把马卖给了伯乐。（　）
4. 楚王见伯乐买的马很瘦，就让他好好喂马。（　）
5. 那匹马后来跑得很快，逃到了很远的地方。（　）

三、根据课文，选择加点词语的正确解释。

1. 伯乐去了出产名马的燕国和赵国，没有发现中意的骏马

A. 满意　B. 有意思　C. 愿意　D. 有意义

2. 伯乐看到一匹马拉着车，累得气喘吁吁的，不由得走了过去

A. 不得不　B. 渐渐地　C. 不小心　D. 忍不住

3. 那匹马突然扬起头，大声嘶鸣

A. 高高地抬起　B. 摇来摇去　C. 转来转去　D. 高高地举起

4. 楚王见这匹马瘦得不成样子，有点儿不高兴

A. 有点瘦　B. 更瘦了　C. 比较瘦　D. 太瘦了

5. 楚王骑上马，觉得两耳生风，一会儿工夫，就跑出了百里之外

A. 以后　B. 时候　C. 时间　D. 过去

四、从课文中找出表示下列意思的成语。

1. 形容大口喘气，呼吸很急。
2. 有点儿相信，又有点儿怀疑。
3. 一点儿也不犹豫，很坚决。
4. 形容跑得特别快，听得见耳边的风声。

五、根据课文，选择正确答案。

1. “伯乐”这个词现在常用来形容下面哪种人？

A. 有生意头脑的人
B. 能预测未来的人

C. 善于发现人才的人
D. 善于识别好马的人

2. 下面哪一项与课文内容不符？

A. 楚国出产名马，所以伯乐在楚国买到了骏马
B. 虽然燕国、赵国出产名马，但伯乐并没有在那买马
C. 伯乐刚买回马时，楚王并不认为那是匹好马
B. 最后伯乐买回的马成了楚王最喜欢的战马

单元练习

一、朗读句子，注意词语的用法。

1. 为……而……

毕业生们为找不到理想的工作而烦恼。
世界上还有很多人为吃不饱饭而发愁。
球迷们为自己喜欢的球队赢得了比赛而欢呼。

2. 以……为生

开公司失败后，他以做小时工为生。
你打算以写作为生吗？
大部分老年人以养老金为生。

3. 明明

为了不让父母担心，小李明明生病了，却说自己很好。
有的人明明知道一会儿要开车，却还是忍不住喝酒。
你明明听见了，为什么假装没听见？

4. 不但不 / 没有……，反而……

吃了药，病不但没有好，反而更重了。
东郭先生救了狼的命，可狼不但不感激，反而要吃掉他。
没想到这笔生意不但没有挣到钱，反而赔了很多钱。

5. 一连

一连好几天都是阴天，没出太阳。
我一连跑了好几家书店，才买到那本书。
接到了北大的入学通知书，我一连几天高兴得睡不着。

6. 不由得

看到了自己喜欢的明星，歌迷们不由得叫了起来。
想起那些痛苦的往事，他不由得流下了眼泪。
这么晚了，会是谁呢？听到敲门声，她不由得紧张起来。

二、给下面的汉字注上拼音，然后选择填空。

理	传	求	约	接	搞	随	扬	牵	喂
______	______	______	______	______	______	______	______	______	______

1. 小李得奖的消息一______出去，朋友们都打电话来祝贺。
2. 因为小王太自以为是了，所以大家都不愿意______他。
3. 早上，住宅区里______着狗散步的人很多。
4. 这种鸟光______小米不行，还得______菜叶和水果。
5. 我们休息一会儿再______着开会。
6. 为了帮儿子找份好工作，爸爸只好______朋友帮忙。
7. 外面天冷风大，大家进出时请______手关门。
8. ______的两点见面，现在都快两点半了，他们怎么还不来？
9. 不知怎么______的，我又忘了带钥匙。
10. 长颈鹿（giraffe）的脖子很长，______起头就可以吃到树上的叶子。

三、给下面的词语注上拼音，然后选择填空。

举办	滋味	拒绝	难得	恢复	中意	著名	提醒	可惜	解释
______	______	______	______	______	______	______	______	______	______

1. 小李向女朋友求婚被______了，心里很难过。
2. 要不是你______我，我都忘了明天还有考试。
3. 北京有很多______的名胜古迹，比如故宫、长城、颐和园、天坛……

4. 2008年，北京______了第二十九届奥林匹克运动会。

5. 这是一个______的机会，你千万不能错过。

6. 老师，这个词的意思我还不明白，您能再______一下吗？

7. 这么好的机会，如果错过了，那就太______了。

8. 我最喜欢的女孩要结婚了，我心里很不是______。

9. 休息了一段时间，李老师的身体渐渐______了。

10. 现在找工作很难，找到一个______的工作更难。

四、选择填空。

1. 这个学生太自以为是了，谁都______。

A. 不放在眼里　　B. 最不起眼

2. 他没找到工作，只好______做小生意______生。

A. 以……为……　　B. 因……而……

3. ______学生______，没有比学习更重要的事情了。

A. 对……来说　　B. 拿……来说

4. 你______早就知道了，为什么到现在才告诉我？

A. 悄悄　　B. 明明

5. 我帮了他，他______感谢我，______怪我。

A. 不但不……反而……　　B. 虽然……但是……

6. 我______问了好几个人，大家都说不知道。

A. 一直　　B. 一连

7. 明天得早点儿起床，______会迟到的。

A. 不要　　B. 要不

8. 这张老照片让我______想起了童年的往事。

A. 不由得　　B. 越来越

HSK拓展训练

一、请选出正确答案。

围棋在中国已有4000多年的历史了。围棋的______是黑白两色的，棋盘横竖有19条线，______有361个交点。361是周朝（公元前1046—公元前256）历法一年的天数，周朝的一年______365天，______361天。虽然围棋的规则简单，但是与其他棋比______，更需要动脑筋、费心思，这也许正是围棋吸引人的地方______。

1. A. 棋子	B. 棋手	C. 棋盘	D. 旗子
2. A. 一共	B. 总之	C. 大概	D. 将要
3. A. 但是	B. 不是	C. 不但	D. 或者
4. A. 而是	B. 就是	C. 或者	D. 而且
5. A. 出来	B. 下去	C. 上来	D. 起来
6. A. 啦	B. 呢	C. 吧	D. 吗

二、请选出与短文内容一致的一项。

1. 门钹是四合院门上用来敲门的响器，作用相当于今天的门铃。我们可以通过门钹看出主人的身份和地位：王府宅门的门钹是铜制的，上面雕有狮子头；官员、富商的门钹也是铜制的，一般是六角形或椭圆形的；普通老百姓家的门钹是铁制六角形的。

A. 门钹是用来敲门的，用于四合院
B. 只有王府才用铜质门钹
C. 有身份和地位的人家才能用门钹
D. 只有普通百姓家才用六角形门钹

2. “汉语桥”世界大学生中文比赛始于2002年，比赛内容包括汉语语言能力、中国国情知识、中国文化技能和综合学习能力。选手们首先在各自的国家参加预赛，优胜者来华参加复赛和决赛，还可获得来华留学奖学金。

A. 汉语桥是一种汉语水平考试
B. 汉语桥的比赛内容主要有四项
C. 汉语桥比赛分为预赛和决赛
D. 汉语桥选手可以获得奖学金

第 11 单元

精读篇

中国的大学入学考试，又称为高考，在每年 6 月 7 日、8 日举行。考上理想的大学是每一个高中生的梦想，可以说高考影响他们的一生。课文中的一对农村姐弟，同时迎来了上大学的机会，但是因为家里穷，弟弟做出了自己的选择……

读前准备

1. 你认为对大学生来说，下面花费最高的是哪三项？

A. 学费　　B. 住宿费　　C. 伙食费　　D. 交通费
E. 教材费　　F. 通讯费　　G. 服装费　　H. 社交娱乐费

2. 你上大学的费用是自己挣的还是父母给的？

天堂[1]里有没有大学

阅读要求：约 610 字，阅读时间 10 分钟，答题时间 15 分钟。

那年夏天，家里同时收到了两份大学录取[2]通知书，全村都炸[3]开了锅，我们一家人也兴奋[4]得不得了。可是没过多久，母亲便发起愁来，每年近万元的学费，对我家来说，无疑是个天文[5]数字。

1. 天堂（名）tiāntáng paradise; heaven
2. 录取（动）lùqǔ enroll; admit to
3. 炸（动）zhà bomb out; dynamite
4. 兴奋（形 / 动）xīngfèn be excited; excite, stimulate
5. 天文（名）tiānwén astronomy

母亲把我和弟弟叫到一起，说："凭[6]咱家这个经济能力，只能供[7]一个人去念书……"弟弟说："姐，你去吧。"我说："还是让弟弟去吧，我早晚要嫁人的。"那天晚上，争论[8]了很久，也没有决定。第二天早上，母亲在桌上发现了一堆碎[9]纸——那是弟弟的录取通知书，弟弟用这种方式帮全家做出了最后的决定。

这一年九月，我走进了大学，弟弟去广州①打工了。他在一家电视机厂当计件工，每天都要工作十几个小时。弟弟每月都准时把生活费寄到学校，每次取钱时，我都会感到自己欠[10]弟弟太多了。

弟弟后来去了一家机床[11]厂，说那边工资[12]高一点儿。我提醒他："机床厂很容易出事的，你可千万小心，等我念完了大学，你就去参加高考②，我供你读书。"

大学毕业了，我在城里找到一份不错的工作，我打电话让弟弟辞职[13]回家复习功课[14]，准备参加高考。弟弟说："你刚参加工作，收入[15]不多，我再干半年，多挣[16]一些钱带回去。"

弟弟出事时，我正在办公室整理[17]资料[18]，电话铃响了："你是李兵的姐姐吗？你弟弟出事了。请你马上过来一趟。"我的脑袋[19]"嗡[20]"的一下就大了。当我赶到医院时，弟弟已经离开人世[21]了。

弟弟走了很久，我都无法从巨大[22]的悲伤[23]中走出来。不知道天堂有没有大学，但是每年我都会给弟弟"烧"一些学习资料去，我想让他在天堂里上大学。

6. 凭（介）píng rely on; base on
7. 供（动）gōng supply; support
8. 争论（动）zhēnglùn argue; dispute; debate
9. 碎（形 / 动）suì fragmentary; break to pieces, smash
10. 欠（动）qiàn owe; be behind with
11. 机床（名）jīchuáng machine tool
12. 工资（名）gōngzī salary; wage
13. 辞职（动）cízhí resign; quit office
14. 功课（名）gōngkè school lesson
15. 收入（名）shōurù income
16. 挣（动）zhèng earn
17. 整理（动）zhěnglǐ arrange; put in order
18. 资料（名）zīliào data; material
19. 脑袋（名）nǎodai head
20. 嗡（拟声）wēng buzz
21. 人世（名）rénshì the world
22. 巨大（形）jùdà huge; tremendous
23. 悲伤（形）bēishāng sad; sorrowful

① 广州（Guǎngzhōu）：中国沿海城市，广东省的省会。
② 高考（gāokǎo）：中国高等学校招收新生的考试，一般在每年的 6 月 7 日、6 月 8 日举行。

语言点

一、早晚

“早晚”是“或早或晚，总有一天（事情一定会发生）”的意思。把两个意义相近、相对或相反的汉字并列，形成双音节复合词，是汉语里一种很有特色的构词方式。这类词有的是名词，如“开关”；有的是副词，如“早晚”；有的是动词，如“来往”；还有的是方位词，可以表示概数，如“左右、上下”。

◆ 把左右两边的汉字连起来，组成一个词。

1. 得	静	2. 多	西	3. 前	暖
是	卖	反	早	听	后
动	非	迟	少	冷	终
买	失	东	正	始	说

二、走了很久

在日常会话中，为了避免说到“死”字，人们习惯用“走”字代替。“走”是一个多义动词，汉语里有很多跟“走”字有关的俗语，常用的有“走神、走光、走眼、走运、走后门”等。

◆ 不查词典，试着将下面的俗语与意思连起来。

1. 走神
2. 走光
3. 走眼
4. 走运
5. 走后门

A. 比喻用不正当手段，通过内部关系达到目的
B. 看错
C. 运气好
D. 精神不集中
E. 不小心把身体的隐私部位露出来（多指女性）

读后练习

一、根据课文，回答问题。

1. 两份大学录取通知书分别是谁的？结果谁去上大学了？
2. 故事的结尾，弟弟发生了什么事？

二、根据课文，判断正误。

1. 我和弟弟考上了同一所大学。（ ）
2. 我家的经济条件不好，供不起两个大学生。（ ）
3. 为了弟弟，我打算早点儿结婚。（ ）
4. 为了让我上大学，弟弟撕了自己的入学通知书。（ ）
5. 我上大学的生活费是弟弟打工挣来的。（ ）
6. 弟弟从电视机厂换到机床厂是为了多挣钱。（ ）
7. 我打算毕业后，用自己的工资供弟弟上大学。（ ）
8. 大学毕业后，我在城里找到了一份收入很高的工作。（ ）
9. 弟弟在机床厂工作时，发生了事故。（ ）
10. 医院来电话说，弟弟因病去世了。（ ）
11. 我每年都带着复习资料回家看弟弟。（ ）
12. 弟弟现在在天堂里上大学。（ ）

三、根据课文，选择加点词语的正确解释。

1. 我们一家人也兴奋得不得了

A. 别提多高兴了　B. 高兴不起来　C. 不怎么高兴　D. 高高兴兴的

2. 每年近万元的学费

A. 大约一万元　B. 一万多元　C. 一万元左右　D. 接近一万元

3. 对我家来说，无疑是个天文数字

A. 肯定　B. 说不定　C. 可能　D. 也许

4. 对我家来说，无疑是个天文数字

A. 吉祥数字　　B. 极大的数字
C. 不计其数　　D. 未知数

5. 凭咱家这个经济能力，只能供一个人去念书

A. 由于　　B. 因为　　C. 看来　　D. 依靠

6. 我早晚要嫁人的

A. 早上或晚上　　B. 总有一天
C. 从早到晚　　D. 短时间内

7. 他在一家电视机厂当计件工，每天都要工作十几个小时

A. 负责计算产品数量的工人　　B. 按完成数量拿工资的工人
C. 负责产品质量的工人　　D. 按工作时间拿工资的工人

8. 弟弟走了很久，我都无法从巨大的悲伤中走出来

A. 回去　　B. 逃跑　　C. 去世　　D. 出发

四、选择与句子中加点词语意思相同的一个。

1. 可是没过多久，母亲便发起愁来。

A. 最近总下雨，再下就要发大水了。
B. 照片我已经发到你邮箱里了，你收一下吧。
C. 春天到了，树都发芽了。
D. 老李最近心情不好，常发脾气。

2. 弟弟每月都准时把生活费寄到学校。

A. 这次的会议很重要，谁也不准请假。
B. 放心吧，我们准能赶上飞机。
C. 最近飞机总是不能准点起飞，尤其是国内航班。
D. 事情的结果会怎样，谁也说不准。

五、根据课文，选择正确答案。

1. “全村都炸开了锅”的意思是：

A. 在村子里引起了很大反应　　B. 村子里的锅都被弄坏了
C. 全村人都用锅炸东西　　D. 村里的人都高兴极了

2. “弟弟用这种方式帮全家做出了最后的决定”一句中，“这种方式”是什么方式？

A. 长时间的争论　　B. 去广州打工
C. 撕掉自己的录取通知书　　D. 给姐姐寄生活费

3. “我的脑袋‘嗡’的一下就大了”的意思是：

A. 我的脑袋突然疼了起来　　B. 我的脑袋发出嗡嗡的声音
C. 我一下子就哭了起来　　D. 我一下子就不知该怎么办了

4. 下面哪项与课文内容不符？

A. 在农村，考上大学是一件很不容易的事情
B. 弟弟是个既懂事又勤劳的年轻人
C. 工厂和医院都不负责任，见死不救
D. 姐姐觉得自己很对不起弟弟

六、联系课文，小组讨论下面问题。

1. 在你们国家，一边上大学一边打工的大学生多吗？大学生经常做哪些工作？收入怎么样？

2. 政府和大学有哪些帮助贫困大学生的方法？

泛读篇

1. 孟母教子

阅读要求：约 390 字，阅读时间 6.5 分钟，答题时间 10 分钟。

小时候，孟轲①和母亲住在郊外[1]的一所房子里。这所房子正好在墓地[2]旁，小孟轲经常去观看葬礼[3]，还学着人家的样子练习哭。

母亲看在眼里，急在心里，怎么办呢？母亲

1. 郊外 jiāowài
2. 墓地 mùdì
3. 葬礼 zànglǐ

① 孟轲（Mèngkē，公元前 372—公元前 289）：又称为孟子，战国时期邹国人，儒家思想家。

决定搬家，他们搬到了一个集市旁。隔壁是一家肉店，小孟轲经常去看人家怎么切[4]肉，回家后还学着人家的样子练习。

母亲看了，很着急，决定再搬家。这一次经过认真考虑[5]，母亲决定搬到学校附近。小孟轲看到学校里的孩子们每天练字、念书、写诗[6]，也跟着学。看到孟轲这么好学，母亲便把他送进了学校。

没想到真的进了学校，孟轲却感到读书很烦。有一天，他觉得上课没劲，便溜回了家。母亲正好在织布[7]，看见儿子逃学[8]回来，一句话没说，拿起剪刀[9]把布剪断了，马上就要织成的一匹布一下子全毁[10]了。孟轲不解地问："您为什么要把布剪断呢？"母亲说："读书就像织布，必须从一根[11]根线开始，只有日积月累[12]，才能织成一匹布。读书如果不能坚持，半途而废[13]，怎么能成才呢？"

4. 切 qiē
5. 考虑 kǎolǜ
6. 诗 shī
7. 织布 zhībù
8. 逃学 táoxué
9. 剪刀 jiǎndāo
10. 毁 huǐ
11. 根 gēn
12. 日积月累 rìjī-yuèlěi
13. 半途而废 bàntú'érfèi

一、根据课文，回答问题。

1. 孟轲最初的家附近有什么？孟轲学习什么？

2. 第一次和第二次搬家后，孟轲家附近各有什么？孟轲学习什么？

二、根据课文，判断正误。

1. 看到小孟轲学哭和切肉，母亲很着急。 (　　)
2. 为了方便小孟轲上学，母亲把家搬到了学校附近。 (　　)
3. 看到小孟轲逃学回家，母亲气得把快要织成的布剪了。 (　　)
4. 母亲让小孟轲明白了读书必须坚持的道理。 (　　)

三、根据课文，选择加点词语的正确解释。

1. 有一天，他觉得上课没劲，便溜回了家

A. 没事儿　　B. 没意思　　C. 没力气　　D. 没说的

2. 马上就要织成的一匹布一下子全毁了

A. 损坏　　B. 完成　　C. 烧掉　　D. 结束

3. 孟轲不解地问："您为什么要把布剪断呢？"

A. 不清楚　　B. 不知道　　C. 不了解　　D. 不理解

4. 读书就像织布，必须从一根根线开始，只有日积月累，才能织成一匹布

A. 花了好几个月　　B. 长时间积累　　C. 每天都很累　　D. 花了好几天

5. 读书如果不能坚持，半途而废，怎么能成才呢

A. 半路上发现错了　　B. 半路上回来了

C. 做到一半停下来　　D. 只知道一半

四、根据课文，选择正确答案。

1."母亲看在眼里，急在心里"的意思是：

A. 母亲看了以后很着急　　B. 母亲看了以后很生气

C. 母亲急着要去看一看　　D. 母亲看不见会很着急

2. 关于"读书"和"织布"，课文中没有提到的是：

A. 读书和织布都不能半途而废　　B. 读书和织布都需要坚持

C. 读书和织布都要日积月累　　D. 读书和织布都很麻烦

3. 下面哪一项与课文内容不符？

A. 孟轲是一个好学的孩子　　B. 选择一所好的学校非常重要

C. 环境对孩子的影响很大　　D. 孟母很重视孩子的教育

2. 妈妈的秘密[1]

阅读要求：约 450 字，阅读时间 7 分钟，答题时间 10 分钟。

四年来，小丽一直相信，爸爸没有回家，是因为在城里开工厂，忙得脱不开身。当小丽和两个弟弟想念[2]爸爸时，妈妈就安慰他们："工厂要好几年才能安定[3]下来，到时候爸爸就会回来接我们了！"

1. 秘密 mìmì

2. 想念 xiǎngniàn

3. 安定 āndìng

春节快到了。一天，同桌[4]问小丽希望得到什么礼物，小丽说："我希望爸爸开车回来看我们！"同桌听了，睁[5]大眼睛问："什么？你爸爸被放出来时，还能从监狱[6]开回来一辆车吗？"

听了同桌的话，小丽如五雷轰[7]顶，她喊道："你不能侮辱[8]我爸爸！他在城里开工厂！"同桌白[9]了她一眼，说："不信去问你妈妈，谁都知道你爸爸在蹲[10]监狱！"小丽跑出了教室，她要回家去问妈妈"这是真的吗？"。

远远的，小丽看见妈妈坐在院子里的长凳[11]上睡着了，她一定是太累了，四年来，她一个人照顾着三个孩子。小丽拿了一条毯子[12]，正要给妈妈盖上，突然她发现妈妈手里有一个信封[13]。"××市第1监狱"，这字体[14]再熟悉不过了。毯子从小丽手中掉了下来，她几乎哭出声来。

看着长凳上孤独[15]的妈妈，小丽对爸爸的怨恨[16]突然减了几分，她决定和母亲一起，为弟弟们撑[17]起一片洁净[18]的天空[19]。

4. 同桌 tóngzhuō
5. 睁 zhēng
6. 监狱 jiānyù
7. 轰 hōng
8. 侮辱 wǔrǔ
9. 白 bái
10. 蹲 dūn
11. 长凳 chángdèng
12. 毯子 tǎnzi
13. 信封 xìnfēng
14. 字体 zìtǐ
15. 孤独 gūdú
16. 怨恨 yuànhèn
17. 撑 chēng
18. 洁净 jiéjìng
19. 天空 tiānkōng

一、根据课文，回答问题。

1. 小丽家有几口人？他们是谁？
2. 小丽的爸爸现在在哪儿？

二、根据课文，判断正误。

1. 妈妈告诉小丽爸爸在城里的工厂上班。 ( )
2. 小丽最希望得到的新年礼物是汽车。 ( )
3. 小丽不相信同桌的话，决定回家问妈妈。 ( )
4. 小丽回到家时，妈妈正在看爸爸寄来的信。 ( )
5. 看到信封上的字和地址，小丽明白了一切。 ( )
6. 小丽决定和妈妈一起，对弟弟们保守秘密。 ( )

三、根据课文，选择加点词语的正确解释。

1. 爸爸没有回家，是因为在城里开工厂，忙得脱不开身

A. 离不开　　B. 不常回家　　C. 身体不好　　D. 站不起来

2. 听了同桌的话，小丽如五雷轰顶

A. 气得要命　　B. 感到害怕　　C. 着急得很　　D. 受到巨大的打击

3. 不信去问你妈妈

A. 因为不相信　　B. 不愿意相信　　C. 不相信的人　　D. 不相信的话

4. 谁都知道你爸爸在蹲监狱

A. 没人知道　　B. 没人不知道　　C. 谁会知道　　D. 谁知道

5. 这字体再熟悉不过了

A. 熟悉极了　　B. 不太熟悉　　C. 比较熟悉　　D. 有点儿熟悉

6. 小丽对爸爸的怨恨突然减了几分

A. 几分钟　　B. 一些　　C. 多少分　　D. 很多

四、选择与句子中加点词语意思相同的一个。

1. 你爸爸被放出来时，还能从监狱开回来一辆车吗？

A. 国庆节放假，你有什么安排？
B. 请把刚才的录音再放一遍。
C. 太小了，看不清楚，放大一点儿吧。
D. 谁把鸟从笼子里放出去的？

2. 同桌白了她一眼。

A. 我白跑了一趟，没买到票。
B. 你白我干什么，有话直说。
C. 这种过时的手机，白送我都不要。
D. 李明交了白卷，一道题也没做。

单元练习

一、朗读句子，注意词语的用法。

1. ……得不得了

妈妈说要带小明去公园，小明高兴得不得了。
今天的天气热得不得了，偏偏空调又坏了。
这个菜放了这么多辣椒，肯定辣得不得了。

2. 对……来说

对学生来说，最重要的事情是学习。
结婚对每个人来说，都是人生中的头等大事。
这点儿困难对我来说，算不了什么。

3. 凭

小李凭自己的努力，考进了理想的大学。
凭他家的经济条件，买房子不是难事。
凭着一口流利的汉语，他顺利地进入了一家大公司。

4. 早晚

孩子早晚要离开父母，独立生活的。
你听不进别人的意见，早晚要吃亏的。
小李头脑清楚，做事认真，他的才能早晚会被发现的。

5. 经过

经过这次失败，他比以前更成熟了。
经过再三考虑，我才做出了这个决定。
经过调查，这种产品确实很受欢迎。

6. 再……不过了

你穿这件衣服再合适不过了。
在北方人眼里，饺子再好吃不过了。
对我来说，周末待在家里看看书再舒服不过了。

二、给下面的汉字注上拼音，然后选择填空。

炸　欠　供　蹲　剪　盖　切　挣　撑　织

_____　_____　_____　_____　_____　_____　_____　_____　_____　_____

1. 因为买房子，他______了银行一大笔钱。
2. 夏天到了，女孩子们______起了各色的太阳伞。
3. 照合影时，第一排的人______着，第二排坐着，第三排站着。
4. 书架上放了很多书，______孩子们下课时阅读。
5. 听说老板自杀了，公司里______开了锅。
6. 人们______钱是为了生活，但生活却不应该只是______钱。
7. 做饺子时，要先把白菜、肉等______碎。
8. 妈妈轻轻地给孩子______好了被子。
9. 小姐，您想______一个什么样的发型呢？
10. 现在自己______毛衣的人越来越少了。

三、给下面的词语注上拼音，然后选择填空。

兴奋　争论　收入　悲伤　辞职　想念　隔壁　坚持　侮辱　录取

_____　_____　_____　_____　_____　_____　_____　_____　_____　_____

1. 我______住的是一对年轻夫妻，他们经常吵架。
2. 运动员由于国旗被挂反了而觉得受到了______，拒绝参加比赛。
3. 明天就要去旅行了，孩子们______得睡不着觉。
4. 母亲去世了很久，他都无法从巨大的______中走出来。
5. 她被北京大学______了。
6. ______了一个下午，大家也没有找到这个问题的解决办法。
7. 刚毕业的大学生，因为没有工作经验，______不高。
8. 好久没回老家了，我非常______家乡的亲人。
9. 虽然头很疼，但我还是______答完了所有的考试题。
10. 从______到现在已经半年了，小李还没有找到满意的工作。

四、选择填空。

1. 本来出发就晚了，又遇到了堵车，小李急得______。

A. 不得不　　B. 不得了

2. ______运动员______，伤病是常有的事，算不了什么。

A. 对……来说　　B. 从……角度

3. ______你的成绩，肯定能考上名牌大学。

A. 凭　　B. 因

4. 酒后开车，______要出事的。

A. 早晚　　B. 最晚

5. ______仔细考虑，两家公司决定合作。

A. 经过　　B. 走过

6. ______笔试通过的人，______能参加今天的面试。

A. 即使……也……　　B. 只有……才……

7. 我最近忙得______身，所以中秋节不回家了。

A. 离不开　　B. 脱不开

8. 听说这种茶味道清香，______好喝______了。

A. 再……不过……　　B. 比……更……

HSK 拓展训练

一、请选出正确答案。

中国古代的读书人，______“名”以外，还有“字”。“名”是出生时起的，“字”是二十岁______成人仪式时才起的。长辈、老师可以称呼一个人的名，朋友、同学称呼时______用字。孔子名丘，字仲尼，“子”是古代对有学问的男子的______。在中国，晚辈叫长辈的名字，学生叫老师的名字，是非常不______的行为。

1. A. 不但	B. 除了	C. 虽然	D. 为了
2. A. 举行	B. 进行	C. 制作	D. 办理
3. A. 好像	B. 一般	C. 特别	D. 其实
4. A. 名字	B. 俗称	C. 尊称	D. 意思
5. A. 卫生	B. 热情	C. 友好	D. 礼貌

二、请选出与短文内容一致的一项。

1. 最近，淘宝网上出现了这样一家店铺，出售的商品只有一种——虚拟的“爱心”，每件 10 元。短短 10 多天，就卖出了 4285 份“爱心”。这一切都是为了拯救一个名叫易雯诺的患有尿毒症的女孩，爱心网店是她的大学学姐为了给她募捐特意开设的。

   A. 爱心网店有很多商品，一律十元
   B. 爱心网店一共有 4285 件商品
   C. 开设爱心网店是为了给易雯诺募捐
   D. 爱心网店是易雯诺的姐姐开设的

2. “南海一号”是一艘南宋时期的木质古船，沉没于广东省以南约 20 海里处，是目前发现的最大的宋代船只，船长 30.4 米、宽 9.8 米，船身高约 4 米，排水量估计可达 600 吨，载重近 800 吨。

   A. 南海一号是一艘宋代沉船
   B. 南海一号是广东生产的，船长 30.4 米
   C. 南海一号是世界上最大的木船，排水量达 600 吨
   D. 南海一号沉没时，船上装有 800 吨货物

第 12 单元

精读篇

你听说过中国古代的四大美女吗？她们分别是西施、王昭君、貂蝉和杨贵妃。人们常用“沉鱼落雁”“闭月羞花”来形容她们，你知道为什么吗？这一课我们要讲的就是美女西施的故事。

■■■ 读前准备 ■■■

1. 下面是中国历史上或传说中有名的女性，你听说过哪一位？

A. 杨贵妃	B. 花木兰	C. 孟姜女	D. 慈禧太后
E. 王昭君	F. 武则天	G. 织女	H. 嫦娥

2. 当代中国最有名的女性有谁，请你试着说出三位。

西施的故事

阅读要求：约 520 字，阅读时间 8.5 分钟，答题时间 15 分钟。

西施是中国古代四大美女之一，“沉鱼落雁[1]”这个成语[2]中的“沉鱼”说的就是西施的故事。传说[3]西施在河边洗衣服，水中的鱼儿被她的美丽所吸引，看得发呆[4]，忘了游泳，结果便沉到了水底。

西施，姓施，原名夷光，是春秋时期①越国②人，因为家住西村，所以叫西施。当时越国被吴国③

1. 沉鱼落雁 chényú-luòyàn beauties
   落 fall; 雁 wild goose
2. 成语（名）chéngyǔ idioms
3. 传说（动 / 名）chuánshuō it is said; legend
4. 发呆（动）fā dāi daze

① 春秋时期（Chūnqiū shíqī）：中国历史上公元前 770 年到公元前 476 年这段时间。

② 越国（Yuèguó）：国名，位于长江下游，因春秋时期与吴国争霸而闻名。

③ 吴国（Wúguó）：国名，位于长江下游，因春秋时期与越国争霸而闻名。

打败，灭亡[5]了，越王也被抓到了吴国，成了俘虏[6]。为了重建[7]自己的国家，越王假装讨好吴王，赢得[8]了吴王的信任[9]，三年之后，吴王就把越王放了。越王一回国，就立刻开始重建自己的国家。他决定使用美人计，把美女西施送给吴王，让她去迷惑[10]吴王，使吴王没有心思管理[11]国家，自己好趁机[12]重建越国。为了吸引吴王，西施努力练习歌舞，成了吴国最有才艺[13]的宫女，受到吴王的宠爱[14]，成功地帮助越王完成了复国的计划。

东施是西施的邻居，她长得很丑，说话粗声大气，却一天到晚做着美女梦，今天穿这样的衣服，明天梳[15]那样的发型[16]，但没有一个人说她漂亮。因为西施有心口疼的毛病，所以走路时总是皱[17]着眉头[18]，用手捂[19]着胸口[20]。路人见了，无不睁大眼睛看着她，称赞西施太美了。丑女东施见了，也学着西施的样子，皱着眉头，用手捂着胸口走路，样子别提多难看了。路人一见，都不忍心看，赶快走开了。这就是成语“东施效颦[21]”的故事。

5. 灭亡（动）mièwáng be destroyed
6. 俘虏（名 / 动）fúlǔ captive; take prisoner
7. 重建（动）chóngjiàn rebuild
8. 赢得（动）yíngdé to win
9. 信任（动 / 名）xìnrèn trust
10. 迷惑（动）míhuò puzzle; delude
11. 管理（动）guǎnlǐ manage
12. 趁机（副）chènjī take advantage of the occasion
13. 才艺（名）cáiyì talent and skill
14. 宠爱（动）chǒng'ài make a pet of sb.; love ardently
15. 梳（动）shū comb
16. 发型（名）fàxíng hairstyle
17. 皱（动 / 名）zhòu wrinkle; furrow
18. 眉头（名）méitóu brows
19. 捂（动）wǔ cover; muffle
20. 胸口（名）xiōngkǒu the pit of the stomach
21. 东施效颦 dōngshī-xiàopín Dongshi, an ugly woman, knitting her brows in imitation of the famous beauty Xishi（西施）, only to make herself uglier–crude imitation with ludicrous effect.
效 imitate; 颦 knit the brows

语言点

一、四大美女

用数字概括的方法构成缩略词，是汉语常见的构词方式，如“四季”指的是春季、夏季、秋季、冬季；“四肢”指的是人体的两上肢和两下肢，也指某些动物的四条腿。有时候也用上“大”字，构成三字或四字的缩略语，如“四大美女”指的是西施、貂蝉、王昭君、杨贵妃这四位中国古代著名的美女，“四大发明”指的是造纸术、印刷术、指南针、火药这四种中国古代著名的发明。

◆ 试着写出下列每组词语的缩略词。

1. 太平洋、大西洋、印度洋、北冰洋
2. 耳、目、口、鼻、舌
3. 大拇指、食指、中指、无名指、小指
4. 酸、甜、苦、辣、咸
5. 亚洲、欧洲、非洲、北美洲、南美洲、大洋洲、南极洲

二、美人计、美女梦

现代汉语词汇以双音节为主，但三音节词在不断增加，“双音节词＋后缀”是构成三音节词的重要方式之一。“～计”表示为了对付某人而预先安排设计的方法，如“美人计”；“～梦”表示某种幻想或愿望，如“美女梦”。

◆ 将左边的双音词与右边的词缀连起来，组成三音节词。

1. 责任	观	2. 银行	者	3. 加油	厅
苦肉	计	消费	家	科学	站
明星	感	上班	迷	飞机	院
人生	梦	京剧	族	咖啡	场

读后练习

一、根据课文，回答问题。

1. 西施叫什么名字？她是哪个时代的人？哪国人？
2. 东施是谁？她长得怎么样？

二、根据课文，判断正误。

1. 西施本来是越国人，后来成了吴王宠爱的宫女。 （ ）
2. 西施不但漂亮，而且生来能歌善舞，很有才艺。 （ ）
3. 越国被吴国灭了，后来又重新建立起来了。 （ ）
4. 因为越王十分老实，所以吴王非常信任他。 （ ）

5. 吴王放了越王，让他重新建立自己的国家。（ ）

6. 吴王中了越王的美人计，越王重建了自己的国家。（ ）

7. 西施为重建自己的国家做出了很大贡献。（ ）

8. 东施长得很丑，但是她觉得自己是美女。（ ）

9. 东施向西施学习怎么穿衣服和梳头发。（ ）

10. 西施走路时皱着眉头，捂着胸口，是因为她觉得这样很美。（ ）

11. 东施学西施走路的样子，但是很难看。（ ）

12. 路人都称赞西施很美，笑话东施很丑。（ ）

三、根据课文，选择加点词语的正确解释。

1. 西施是中国古代四大美女之一

A. 排在……第一　B. ……分之一　C. ……中的一个　D. ……中的第一名

2. 越王假装讨好吴王，赢得了吴王的信任

A. 让……生气　B. 让……注意　C. 让……开心　D. 让……讨厌

3. 把美女西施送给吴王……使吴王没有心思管理国家

A. 心情　B. 方法　C. 想法　D. 能力

4. 西施努力练习歌舞，成了吴国最有才艺的宫女

A. 在王宫工作的女人　B. 为国家工作的女人

C. 为国王跳舞的女人　D. 被国王喜欢的女人

5. 成功地帮助越王完成了复国的计划

A. 回到国内　B. 重建国家　C. 建立国家　D. 发展国家

6. 她长得很丑，说话粗声大气

A. 发音不清楚　B. 声音又大又粗　C. 让人生气　D. 没有礼貌

7. 却一天到晚做着美女梦

A. 一天晚上　B. 早晚　C. 每天晚上　D. 整天

8. 路人见了，无不睁大眼睛看着她

A. 忍不住　B. 一点儿也不　C. 全都　D. 不得不

9. 样子别提多难看了

A. 难看极了　　B. 都说难看　　C. 有点儿难看　　D. 不算难看

10. 路人一见，都不忍心看，赶快走开了

A. 不愿意　　B. 不应该　　C. 忍不住　　D. 不好意思

四、选择与句子中加点词语意思相同的一个。

1. 越王假装讨好吴王。

A. 不懂就是不懂，怎么能不懂装懂呢？
B. 箱子里装的是什么，打开让我们看一下。
C. 这里夏天很热，房间必须装空调。
D. 货物已经装上船了，一周后可以运到。

2. 让她去迷惑吴王，使吴王没有心思管理国家，自己好趁机重建越国。

A. 最近公司很忙，每天都加班到好晚。
B. 你别着急，这个问题好解决。
C. 我学了好几年汉语了，可说得还不太流利。
D. 你留个电话，有事好通知你。

五、根据课文，选择正确答案。

1. 关于“沉鱼落雁”这个成语，正确的是：

A. 指善于用美貌讨好男人的女孩子
B. 形容女孩子能歌善舞，很有才艺
C. 漂亮女人常常迷惑人
D. 形容女孩子长得极美

2. “东施效颦”这个成语最有可能是什么意思？

A. 比喻简单模仿别人，只会被大家笑话
B. 比喻事情到了十分糟糕的程度
C. 比喻女孩子长得很难看
D. 比喻自己不了解自己

六、联系课文，小组讨论下面问题。

你们国家历史上最著名的女性是谁？给大家介绍一下。

泛读篇

1. 旗袍[1]司机

阅读要求：约370字，阅读时间6分钟，答题时间10分钟。

也许你很难把优雅[2]与公交车女司机联系起来，乱哄哄[3]的马路、拥挤[4]的车厢[5]、高高的驾驶[6]座，这个职业显然[7]与女性无缘。

也许你会觉得，公交女司机一定是说话粗声大气，穿得像个男人，没有女人味儿。不过，这个叫李玉的女司机，却把旗袍穿到了公交车的方向盘[8]前。她说，我有6件颜色不同、样式各异的旗袍，所以一个星期换着穿，每天都不重样。她的这些旗袍有丝绸[9]的，有纯棉[10]的，有短款的，也有长款的，虽说价格都不算[11]贵，但却都很合身[12]。

说起话来，李玉的脸上总是露[13]出淡淡的微笑。这个48岁的女人，虽然已不再年轻，但却依然[14]留着长发，再配上优雅的旗袍，有一种古典[15]美。面对乱哄哄的马路，公交车司机都难免[16]会不高兴，但李玉却很少生气。她保持着微笑，不是为了别人，而是为了让自己更开心。

李玉从事着一份最男人的职业，却穿着世界上最女人的服装，保持着一颗[17]优雅的女人心。

1. 旗袍 qípáo
2. 优雅 yōuyǎ
3. 乱哄哄 luànhōnghōng
4. 拥挤 yōngjǐ
5. 车厢 chēxiāng
6. 驾驶 jiàshǐ
7. 显然 xiǎnrán
8. 方向盘 fāngxiàngpán
9. 丝绸 sīchóu
10. 纯棉 chúnmián
11. 算 suàn
12. 合身 héshēn
13. 露 lòu
14. 依然 yīrán
15. 古典 gǔdiǎn
16. 难免 nánmiǎn
17. 颗 kē

一、根据课文，回答问题。

1. 李玉今年多大年纪？她的职业是什么？

2. 李玉工作时穿什么衣服？

二、根据课文，选择加点词语的正确解释。

1. 这个职业显然与女性无缘

A. 没有帮助　　B. 没有意思
C. 没有问题　　D. 没有关系

2. 穿得像个男人，没有女人味儿

A. 女人的气味　　B. 女性的特点
C. 女人的爱好　　D. 女性的想法

3. 我有 6 件颜色不同、款式各异的旗袍

A. 有些不同　　B. 基本相同
C. 各不相同　　D. 大同小异

4. 一个星期换着穿，每天都不重样

A. 相同的样式　　B. 不改变样子
C. 两种样式　　D. 样式不重复

5. 面对乱哄哄的马路，公交车司机都难免会不高兴

A. 很难　　B. 不免　　C. 难以　　D. 难得

三、选择与句子中加点词语意思相同的一个。

1. 她的这些旗袍有丝绸的，有纯棉的，有短款的，也有长款的。

A. 你寄来的那笔书款已经收到了。
B. 这件衣服是今年的新款。
C. 这份合同一共有十条 20 款。
D. 我们在北京饭店款待客人。

2. 但却依然留着长发，再配上优雅的旗袍，有一种古典美。

A. 这两种颜色配在一起很漂亮。
B. 公司给每个职员配了一部电脑。
C. 我想去配一副新眼镜。
D. 我觉得他不配当班长。

四、根据课文，选择正确答案。

1. 公交车司机这个职业不适合女性，是因为：

A. 马路上很乱
B. 公共汽车里很挤
C. 司机的座位很高
D. 以上三项都是

2. 关于李玉的旗袍，正确的是：

A. 李玉每天都穿一样的旗袍
B. 6 件旗袍有的很贵，有的很便宜
C. 旗袍的材料、样式、颜色不一样
D. 旗袍都是定做的，非常合适

3. 李玉与其他女司机最大的不同是：

A. 说话粗声大气，像男人一样
B. 遇到堵车时，很爱发火
C. 留着长发，看起来既年轻又漂亮
D. 穿着旗袍，常常微笑，很优雅

2. 以胖为美

阅读要求：约 460 字，阅读时间 7.5 分钟，答题时间 10 分钟。

据说[1]唐代①以胖为美，但究竟是谁领导[2]了这个潮流[3]呢？提到这个问题，我们就不得不说一说杨贵妃②了。杨贵妃是中国古代四大美女之一，以身材丰满[4]著称[5]。有人认为，唐代之所以以胖为美，是因为杨贵妃受到了皇帝的宠爱，于是女人们纷纷模仿[6]。

1. 据说 jùshuō
2. 领导 lǐngdǎo
3. 潮流 cháoliú
4. 丰满 fēngmǎn
5. 著称 zhùchēng
6. 模仿 mófǎng

① 唐代（Tángdài，618—907）：朝代名。
② 杨贵妃（Yáng guìfēi，719—756）：名叫杨玉环。贵妃是皇帝妃子的封号之一，地位仅次于皇后。

但是杨贵妃究竟有多胖呢？传说杨贵妃身高1米64，体重138斤，这到底算不算胖呢？我们不妨[7]用现在流行[8]的健康体重公式[9]帮杨贵妃算一下。公式是这样的：身高 −100= 标准[10]体重（公斤）。杨贵妃的身高是 164 厘米，减去 100 等于 64 公斤，是 128 斤，也就是说杨贵妃的标准体重应该是 128 斤。但是这个数字上下浮动[11]10%，都算是健康。杨贵妃的 138 斤比标准的 128 斤超过[12]了 7%，因此是健康的，算不上胖。在以胖为美的唐朝，杨贵妃很可能算是瘦人了。

看来，唐代以胖为美并不是从杨贵妃来的，那么谁才是这个潮流的领导者呢？我们在唐代的仕女俑[13]身上找到了答案。这种仕女俑代表了唐代仕女的普遍身材。唐代，首都长安③流行乐舞[14]，仕女就是乐舞舞者[15]，因为当时乐舞很受欢迎，而乐舞舞者大多身材丰满，所以人们觉得身材丰满才漂亮，于是以胖为美的潮流就形成了。

7. 不妨 bùfáng
8. 流行 liúxíng
9. 公式 gōngshì
10. 标准 biāozhǔn
11. 浮动 fúdòng
12. 超过 chāoguò
13. 俑 yǒng
14. 乐舞 yuèwǔ
15. 舞者 wǔzhě

一、根据课文，回答问题。

1. 健康体重公式是什么样的？
2. 杨贵妃的身高是多少？她的标准体重应该是多少？

二、根据课文，判断正误。

1. 唐代人认为，身材最胖的人最漂亮。（ ）
2. 杨贵妃因为丰满，所以受到皇帝的宠爱。（ ）
3. 唐代以胖为美，是因为杨贵妃受到了皇帝的宠爱。（ ）
4. 杨贵妃的实际体重是 138 斤，其实不算胖。（ ）
5. 唐代长安流行乐舞，乐舞舞者被称为仕女俑。（ ）
6. 因为乐舞舞者身材丰满，所以唐代以胖为美。（ ）

③ 长安：唐朝首都，现在的西安。

三、根据课文，选择加点词语的正确解释。

1. 据说唐代以胖为美

A. 越……越……　　B. 把……当作……
C. 又……又……　　D. 因……而……

2. 究竟是谁领导了这个潮流呢

A. 兴趣爱好　　B. 意见建议
C. 发展方向　　D. 看法观点

3. 我们就不得不说一说杨贵妃了

A. 说不定　　B. 不由得　　C. 不得了　　D. 必须得

4. 于是女人们纷纷模仿

A. 一个跟着一个　　B. 不停地　　C. 偷偷地　　D. 随便地

5. 我们不妨用现在流行的健康体重公式帮杨贵妃算一下

A. 愿意　　B. 可能　　C. 可以　　D. 必须

四、根据课文，选择句子的正确解释。

1. 杨贵妃……以身材丰满著称。

A. 人们都嫌杨贵妃身材太胖。
B. 史书上说，杨贵妃身材丰满。
C. 杨贵妃因为身材丰满而出名。
D. 人们都觉得杨贵妃身材丰满。

2. 这个数字上下浮动 10%，都算是健康。

A. 比这个数字多 10% 才算健康。
B. 比这个数字少 10% 才算健康。
C. 比这个数字高 10% 或低 10% 才健康。
D. 这个数字的 90% 和 110% 之间都算健康。

单元练习

一、朗读句子，注意词语的用法。

1. ……之一

中秋节是中国最重要的传统节日之一。
这是我们今天要讨论的问题之一。
河南安阳是中国的七大古都之一。

2. 趁机

我的同屋是日本人，我想趁机学学日语。
老师刚一出去，学生们便趁机聊起天来。
听说商场正在打折，我打算趁机多买几件衣服。

3. 虽说 / 虽然……，但……

当老师虽说 / 虽然辛苦，但我喜欢这个工作。
这个饭店的菜虽说 / 虽然有点儿贵，但环境很好。
我们虽说 / 虽然是第一次见面，但感觉像老朋友一样。

4. 不得不

电脑修不好了，我不得不买了台新的。
夫妻俩三天两头吵架，最后不得不离婚了。
爸爸妈妈工作都很忙，不得不请爷爷奶奶照顾孩子。

5. 之所以……，是因为……

之所以堵车，是因为路上的车越来越多了。
病情之所以加重，是因为他没有按时吃药。
父母之所以不同意他们的婚事，是因为他们的年龄相差太多。

6. 不妨

你有什么意见，不妨直说。
我觉得这是个好机会，你不妨试试看。
有什么不懂的地方，你不妨问问老师。

二、给下面的汉字注上拼音，然后选择填空。

发	睁	梳	皱	捂	沉	提	露	算	配
______	______	______	______	______	______	______	______	______	______

1. 她很会______头发，每天的发型都不一样。
2. 你 1 米 73，130 斤，不______胖，不用减肥。
3. 我觉得牛仔裤______T 恤衫又方便又好看。
4. 我看着作文题______呆，怎么也想不出该怎么写。
5. ______ 到北京的名胜古迹，人们首先想到的是长城和故宫。
6. 老板一听生意没谈成，立刻______起了眉头。
7. 小船上不能装过多东西，不然遇到暴风雨就很容易______船。
8. 今天早上我一______眼，就十点多了。
9. 小李用手______着肚子跑进了洗手间。
10. 她一笑，______出整齐洁白的牙齿，非常漂亮。

三、给下面的词语注上拼音，然后选择填空。

显然	宠爱	趁机	模仿	依然	合身	从事	拥挤	标准	丰满
______	______	______	______	______	______	______	______	______	______

1. 办公室里没人，小偷______溜了进来。
2. 小孩儿总爱______大人的动作。
3. 作为唯一的孙女，她受到爷爷、奶奶、外公、外婆的______。
4. 小李喜欢胖一点儿的女生，他希望找一个身材______的女朋友。
5. 每天上下班时间，地铁非常______，没有一个空座。
6. 他一直______与中国有关的贸易工作。
7. 刚上大学时，我的普通话不太______，现在好多了。
8. 小丽的衣服虽然不是名牌，但件件都很______。
9. 她的眼睛红红的，______是刚刚哭过。
10. 老同学十年没见了，见了面，大家______觉得很亲切。

四、选词填空。

1. 中国是世界上历史最悠久的国家______。

A. 第一　　　B. 之一

2. 流行音乐被广大年轻人______喜爱。

A. 所　　　B. 受

3. ______他已经 70 多岁了，______走起路来比年轻人还快。

A. 虽说……但……　　　B. 即使……也……

4. 时装模特儿们都很瘦，所以现代人______瘦______美。

A. 以……为……　　　B. 因……而……

5. 小明把作业弄丢了，______再写一遍。

A. 不由得　　　B. 不得不

6. 大熊猫______可爱著称。

A. 于　　　B. 以

7. 他这次考试______成绩不理想，______没有复习。

A. 因为……所以……　　　B. 之所以……是因为……

8. 快走是一种很好的运动，你______试一试。

A. 不妨　　　B. 难免

HSK 拓展训练

一、请选出正确答案。

旗袍，______是满族女性传统服装，因为满族又称“旗人”，所以叫“旗袍”。二十世纪二十年代，受西式服装影响，改良的旗袍在中国妇女中流行______。三四十年代是旗袍最流行的时期，______是三十年代，旗袍成为中国女装的代表。六七十年代是旗袍被______的20年。八九十年代，出现了“制服旗袍”，因为宾馆、餐厅常把旗袍______女服务员的工作服。

1. A. 从来	B. 本来	C. 由来	D. 自从
2. A. 下来	B. 出来	C. 上来	D. 开来
3. A. 非常	B. 尤其	C. 而且	D. 更加
3. A. 落后	B. 寂寞	C. 冷落	D. 冷淡
5. A. 作为	B. 制作	C. 看来	D. 成为

二、请选出与短文内容一致的一项。

1. 许多人认为声音沙哑算不上什么大毛病，但是如果持续沙哑超过两周以上，最好找耳鼻喉科医生检查与治疗。一般来说，噤声休息是治疗声音沙哑的最佳方法，也可以服用抗生素消除水肿，或做雾化吸入治疗。

A. 声音沙哑不是大毛病，不用治疗
B. 声音沙哑两周以内应去医院看病
C. 声音沙哑可以去耳鼻喉科检查
D. 治疗声音沙哑最好的办法是吃药

2. 最近，一名男子把妻子告上了法庭并申请离婚，他最终打赢了官司，法官判妻子赔偿丈夫7.5万元。女儿出生后，丈夫开始对妻子的长相产生怀疑，妻子承认曾经花费6.2万元进行了整容手术。整容手术是在她与丈夫认识之前做的，而且她从未向丈夫坦白整容之事。

A. 离婚后丈夫应该付给妻子7.5万元
B. 丈夫想离婚是因为女儿跟自己长得不像
C. 离婚是因为妻子花6.2万元整容
D. 离婚是因为妻子没告诉丈夫自己整过容

第 13 单元

精读篇

在感情表达方式上，东西方有很大不同，传统的中国人不善于用语言来表达，尤其是父子之间，他们往往把爱深深地藏在心底。这一课讲的是一对中国父子的故事，父亲为什么要收藏一张汇款单呢？

读前准备

1. 下面的物品常被人们留作纪念，你收藏了哪些？

A. 老照片	B. 证书	C. 作业本	D. 日记本
E. 学生证	F. 记事本	G. 门票	H. 信

2. 爸爸送给你的最珍贵的礼物是什么？你给爸爸送过什么礼物？

一张汇款单[1]

阅读要求：约 610 字，阅读时间 10 分钟，答题时间 15 分钟。

我每月领了工资以后的第一件事就是去邮局寄钱。每次寄钱，我总会想起大学时父亲给我寄钱的情景[2]。四年来，父亲每月都要在营业员[3]不屑[4]的目光下，将收废品[5]挣到的一大把零钱放到邮局的柜台[6]上……

1. 汇款单（名）huìkuǎndān the remittance
2. 情景（名）qíngjǐng scene; sight
3. 营业员（名）yíngyèyuán shop assistant
4. 不屑（动）búxiè disdain to do sth.
5. 废品（名）fèipǐn broken, old and worthless objects
6. 柜台（名）guìtái counter; bar

每次寄钱时，营业员总对我说："给您父亲办张卡吧，就不必这么麻烦地填汇款单了。"我只是笑笑，她不会明白，其实，这是我给父亲的一种幸福。

每当邮递员[7]喊着父亲的名字，让他在汇款单上签[8]名的时候，邻居们都会伸[9]出头来，一脸羡慕[10]地看着父亲。去邮局的路上，每当有熟人问："干什么去啊？"父亲就扬扬手里的汇款单，说："儿子寄钱来了，去邮局取钱。"对于父亲，这是一次幸福的旅程[11]吧！别人的每次问话，都让他的幸福感加深[12]一次。

汇款单上的"留言[13]"一栏[14]，我总和父亲当年一样空着。我曾经[15]试图[16]在上面写一些话，让父亲注意身体，或者晚上早点儿休息，但每次写完，又撕[17]掉了，因为这不是我和父亲彼此[18]表达关爱[19]的方式。

只有一次，营业员特意提醒我："等你父亲收到汇款的时候，差不多就到父亲节了。"于是，我在留言里一笔一画地写下：祝父亲节快乐！但不知为何，父亲这次竟然忘了取钱。两个月后，钱被退了回来。

我打电话问他，他说忘了。去邮局补寄的时候，我把这件事讲给营业员听，她说："我觉得你父亲未必是忘了，说不定他是想把这张写有祝福[20]的汇款单留下做纪念[21]呢。"

多年以后，我无意中拉开父亲的抽屉[22]，发现了那张写有祝福的汇款单。原来，那句短短的祝福，父亲以这样的方式一直收藏[23]着。

7. 邮递员（名）yóudìyuán postman
8. 签（动）qiān sign; autograph
9. 伸（动）shēn stretch
10. 羡慕（动）xiànmù admire; envy
11. 旅程（名）lǚchéng itinerary; journey
12. 加深（动）jiāshēn deepen
13. 留言（动／名）liú yán leave a message; message (written at departure)
14. 栏（名）lán column
15. 曾经（副）céngjīng ever; once
16. 试图（动）shìtú attempt to do sth.
17. 撕（动）sī rip; tear
18. 彼此（代）bǐcǐ each other
19. 关爱（动／名）guān'ài express solicitude for the well-being of; care and love
20. 祝福（名／动）zhùfú benison; wish happiness to
21. 纪念（动／名）jìniàn commemorate; souvenir
22. 抽屉（名）chōuti drawer
23. 收藏（动）shōucáng collect; store up

语言点

一、一脸羡慕

汉语的量词分为名量词和动量词，名量词如“个、件、只、张”等，动量词如“次、遍、回、下”等，这些都是专用量词。除了专用量词外，汉语还有临时量词，表示身体部位的名词就常用作临时量词，如“一脸羡慕”中的“脸”。

◆ 选择合适的临时量词，填入下面的句子中。

A. 脸　　B. 身　　C. 口　　D. 眼　　E. 脚

1. 她看了我一________，什么也没说。
2. 他一________远射，球进了，为球队赢得了一分。
3. 他吃了两________，说有事，急急忙忙地走了。
4. 你这________衣服搭配得真不错，很好看。
5. 不知道为什么，老板今天一早就一________不高兴。

二、关爱

“关爱”是由词组“关心爱护”缩略而来的。从词组的两个词中各取一个字，然后合并成双音词，是汉语产生新词的方法之一，比如“环境保护——环保”“邮政编码——邮编”“保持健康——保健”“彩色电视机——彩电”等。

◆ 写出下面加点词组的缩略词。

1. 我常常一个人去外地旅行游览。（　　）
2. 机场和地铁的安全检查越来越严格了。（　　）
3. 这种面料是由我公司研究制造的。（　　）
4. 这所高级中学很有名，很多名人都是从这里毕业的。（　　）
5. 我现在上下班都坐公共交通，非常方便。（　　）

读后练习

一、根据课文，回答问题。

1. 父亲靠什么供我上大学？
2. 我给父亲寄钱时，常在汇款单上留言吗？为什么？

二、根据课文，判断正误。

1. 工作后，我每月都要去银行给父亲汇款。（ ）
2. 因为父亲总是寄零钱，邮局营业员很生气。（ ）
3. 营业员建议我给父亲办张卡，我嫌麻烦。（ ）
4. 父亲常常收到儿子的钱，邻居们都很羡慕。（ ）
5. 父亲想让熟人们知道他的儿子经常给他寄钱。（ ）
6. 父亲给我寄钱时，汇款单上总是没有留言。（ ）
7. 我不知道应该在汇款单的留言里写些什么。（ ）
8. 我在汇款单“留言”里写的是“祝父亲节快乐”。（ ）
9. 因为父亲忘了取钱，所以钱被退了回来。（ ）
10. 因为父亲没有收到汇款单，所以我又寄了一次。（ ）
11. 父亲把那张汇款单留作纪念了。（ ）
12. 我打开父亲的抽屉是为了找那张汇款单。（ ）

三、根据课文，选择加点词语的正确解释。

1. 四年来，父亲每月都要在营业员不屑的目光下，将收废品……

   A. 下来　B. 来着　C. 以来　D. 从来

2. 四年来，父亲每月都要在营业员不屑的目光下，将收废品……

   A. 轻视　B. 吃惊　C. 讨厌　D. 生气

3. 给您父亲办张卡吧，就不必这么麻烦地填汇款单了

   A. 用不了　B. 不能　C. 不会　D. 用不着

4. 邻居们都会伸出头来，一脸羡慕地看着父亲

A. 一边　B. 一直　C. 一面　D. 满脸

5. 父亲就扬扬手里的汇款单

A. 拿起　B. 升起　C. 举起　D. 捡起

6. 我在留言里一笔一画地写下：祝父亲节快乐

A. 写一笔画一笔　B. 形容写得非常清楚
C. 一边写一边画　D. 形容写得非常漂亮

7. 我觉得你父亲未必是忘了

A. 说不定　B. 不一定　C. 一定　D. 肯定

8. 说不定他是想把这张写有祝福的汇款单留下做纪念呢

A. 没准儿　B. 不一定　C. 不可能　D. 说不完

9. 多年以后，我无意中拉开父亲的抽屉

A. 偶然　B. 特地　C. 小心地　D. 特意

10. 那句短短的祝福，父亲以这样的方式一直收藏着

A. 把　B. 在　C. 用　D. 由

四、选择与句子中加点词语意思相同的一个。

1. 汇款单上的“留言”一栏，我总和父亲当年一样空着。

A. 我们经常做选词填空练习。
B. 他常说空话，大家都不信任他。
C. 每一段的开头，应该空两个字。
D. 请问，您的信件是空运还是海运？

2. 多年以后，我无意中拉开父亲的抽屉。

A. 货车是拉货的，不能拉人。
B. 我想学拉二胡，好学吗？
C. 这个菜这么辣，吃了会拉肚子的。
D. 旅客们拉着行李走出了机场。

五、根据课文，选择正确答案。

1. “对于父亲，这是一次幸福的旅程吧！”中的“旅程”指的是什么？

A. 从邮局到家的路程　　B. 从家到邮局的路程
C. 从家到大学的路程　　D. 从大学到邮局的路程

2. 最让父亲感到幸福的事情是哪一个？

A. 邮递员喊父亲的名字　　B. 去邮局取钱的路上遇到熟人
C. 邻居一脸羡慕地看着父亲　　D. 收到写有“父亲节快乐”的汇款单

3. 下面哪一项与课文内容不符？

A. 这位父亲供孩子上大学很辛苦　　B. 这对父子都是不善于表达的人
C. 每月去邮局取儿子汇款让父亲感到幸福　　D. 儿子把工资都寄给了父亲

六、联系课文，小组讨论下面问题。

1. 你觉得课文中的这位父亲是一个什么样的人？

2. 你同意他的做法吗？

泛读篇

1. 猎人和母熊[1]

阅读要求：约 440 字，阅读时间 7 分钟，答题时间 10 分钟。

寒冷[2]的冬天，一位猎人带着儿子去山里打猎，他们带的东西都吃光了，猎人的儿子病了，病得眼看就要死了。

这时，猎人发现了一只刚出生的小熊，饿得走不动了。他举起猎枪[3]，突然听到母熊的吼[4]声。猎人赶紧放下枪，母熊没有扑过来，它转身朝猎人的儿子走去。

猎人赶紧跑到儿子身边，准备保护自己的儿

1. 熊 xióng
2. 寒冷 hánlěng
3. 猎枪 lièqiāng
4. 吼 hǒu

子。没想到母熊却停了下来，它退[5]回到小熊身边，带上小熊，向猎人父子走来。

猎人和母熊面对面，猎人的枪指着母熊，母熊的眼睛盯[6]着猎枪，谁都不敢动。突然，猎人明白了，他把枪在石头上砸[7]碎，扔[8]到了山下。母熊看了，把头在地上撞[9]了几下，表示感激[10]。

可是熊没有走，猎人明白母熊是想给小熊弄一点儿吃的。为了让它们走，也为了救自己的儿子，猎人把自己左臂[11]上的肉割[12]下来扔给了小熊。意想不到的是，母熊走了过来，轻轻地帮猎人舔[13]着伤口[14]。

猎人昏[15]了过去，当猎人醒来时，他看到母熊疯了似的跳向山下。母熊重重地落在一块石头上，嘴和鼻子上都是血[16]，它自杀了。

猎人和儿子吃了熊肉，活了下来。猎人从冰水里给小熊捞[17]上来很多鱼，小熊也活了下来。

5. 退 tuì
6. 盯 dīng
7. 砸 zá
8. 扔 rēng
9. 撞 zhuàng
10. 感激 gǎnjī
11. 臂 bì
12. 割 gē
13. 舔 tiǎn
14. 伤口 shāngkǒu
15. 昏 hūn
16. 血 xiě
17. 捞 lāo

一、根据课文，回答问题。

1. 猎人和他的儿子遇到了哪些麻烦？
2. 猎人、儿子、母熊、小熊都活下来了吗？

二、根据课文，判断正误。

1. 猎人没有向小熊开枪，是因为害怕母熊扑过来。（　　）
2. 猎人把枪砸碎，扔到山下，是为了表示自己不会伤害熊。（　　）
3. 猎人把自己左臂上的肉割下来给小熊吃，是为了表示感激。（　　）
4. 猎人昏了过去，是因为母熊走过来帮他舔伤口。（　　）
5. 母熊跳下山自杀，是因为它疯了。（　　）

三、选择与句子中加点词语意思相同的一个。

1. 没想到母熊却停了下来，它退回到小熊身边。

A. 树上飘下来几片叶子。
B. 猎人把自己左臂上的肉割下来……
C. 一年下来，我的汉语已说得不错了。
D. 太阳下山了，天色渐渐暗了下来。

2. 猎人的枪指着母熊。

A. 这孩子手指长，适合学钢琴。
B. 老师指着黑板上的字让我们读。
C. “西方国家”指的是欧美国家。
D. 孩子不应该什么事都指着父母。

四、根据课文，按照故事发生的顺序，给下面的句子排序。

1. ① 猎人举起猎枪对着小熊。
 ___ 猎人跑到儿子身边。
 ___ 猎人放下猎枪。
 ___ 母熊回到小熊身边，带着小熊向猎人走来。
 ___ 母熊发出吼声。
 ___ 母熊向猎人的儿子走去。
2. ① 猎人把枪在石头上砸碎，扔到了山下。
 ___ 母熊走去帮猎人舔伤口，猎人昏了过去。
 ___ 母熊把头在地上撞了几下，表示感激。
 ___ 猎人割下自己左臂上的肉扔给了小熊。
 ___ 猎人和儿子吃了熊肉，给小熊捞来很多鱼。
 ___ 母熊跳向山下自杀了。

2. 种[1]花生[2]

阅读要求：约 530 字，阅读时间 8.5 分钟，答题时间 10 分钟。

我们家的后院有块空地[3]。母亲说：“让它空着怪可惜的，你们那么爱吃花生，就用它来种花生吧。”我们姐弟几个都很高兴，买种[4]、翻地、播种[5]、浇[6]水，没过几个月，居然[7]收获[8]了。

母亲说：“今晚我们过一个收获节，请你们的父亲也来尝尝我们的新花生，好不好？”母亲把花生做成了好几样食品[9]，还吩咐[10]我们就在后院的亭子[11]里过这个节。

那天晚上天色不大好，可父亲也来了，实在很

1. 种 zhòng
2. 花生 huāshēng
3. 空地 kòngdì
4. 种 zhǒng
5. 播种 bōzhòng
6. 浇 jiāo
7. 居然 jūrán
8. 收获 shōuhuò
9. 食品 shípǐn
10. 吩咐 fēnfù
11. 亭子 tíngzi

难得。父亲说:“你们爱吃花生吗?”我们争着回答:“爱!”“谁能把花生的好处说出来?”姐姐说:“花生的味儿美。”哥哥说:“花生可以榨[12]油。”我说:“花生的价钱便宜,谁都可以买来吃,都喜欢吃。这就是它的好处。”

父亲说:“花生的好处很多,有一样最可贵[13],它的果实[14]埋在地里,不像桃子[15]、石榴[16]、苹果那样,把漂亮的果实高高地挂在枝头[17]上,使人一见便生爱慕[18]之心。你们看,它矮矮地长在地上,等到成熟[19]了,也不能立刻分辨[20]出来有没有果实,必须挖起来才知道。”我们都说是,母亲也点点头。

父亲接着说:“所以你们要像花生,它虽然不好看,可是很有用。”我说:“那么,人要做有用的人,不要做只讲体面[21]而对人没有好处的人。”父亲说:“对。这是我对你们的希望。”

我们谈到深夜才散。花生做的食品都吃完了,父亲的话却深深地印[22]在我的心里。

——改编自许地山《落花生》

12. 榨 zhà
13. 可贵 kěguì
14. 果实 guǒshí
15. 桃子 táozi
16. 石榴 shíliu
17. 枝头 zhītóu
18. 爱慕 àimù
19. 成熟 chéngshú
20. 分辨 fēnbiàn
21. 体面 tǐmiàn
22. 印 yìn

一、根据课文,回答问题。

1. 花生有哪些好处?
2. 花生的果实有什么特点?
3. 爸爸希望我们做什么样的人?

二、根据课文,选择加点词语的正确解释。

1. 让它空着怪可惜的

A. 好奇　B. 非常　C. 奇怪　D. 埋怨

2. 还吩咐我们就在后院的亭子里过这个节

A. 命令　B. 通知　C. 答应　D. 拜托

3. 父亲也来了,实在很难得

A. 不容易表达　B. 不容易避免　C. 不容易完成　D. 不容易得到

4. 等到成熟了，也不能立刻分辨出来有没有果实

A. 计算　　B. 听　　C. 区分　　D. 说

5. 人要做有用的人，不要做只讲体面而对人没有好处的人

A. 面子　　B. 好看　　C. 礼貌　　D. 身材

6. 我们谈到深夜才散

A. 东西摆放得到处都是　　B. 聚集在一起的人们分开
C. 离开的人们重新回来　　D. 随便走走，放松一下

三、选择与句子中加点词语意思相同的一个。

1. 使人一见便生爱慕之心。

A. 这支笔很好使，你在哪儿买的？
B. 他给我使了个眼色，我就明白了。
C. 他的故事使我深受感动。
D. 我们俩一起使劲儿，一定能搬动。

2. 等到成熟了，也不能立刻分辨出来有没有果实。

A. 这件事等见了面再说吧。
B. 我去过上海、天津、广州等城市。
C. 我买的机票是头等舱。
D. 一公斤等于两斤。

四、根据课文，选择正确答案。

1. 父亲为什么说花生最可贵？

A. 可以榨油，且把漂亮的果实埋在地里
B. 味儿美，能做很多种食品
C. 果实埋在地里，需要挖出来
D. 虽然不好看，但是很有用

2. 下面哪一项与课文内容相符？

A. 我们姐弟几个都很喜欢吃花生
B. 我们在花园里种上了花生
C. 爸爸告诉我们花生有哪些好处
D. 爸爸觉得我们长得像花生，不漂亮

单元练习

一、朗读句子，注意词语的用法。

1. 每当

每当我遇到困难，朋友们都会主动帮忙。
每当看到这张照片，我都会想起在中国留学的日子。
每当想家的时候，他就给家里打电话。

2. 无意中

我无意中发现了一个秘密。
兵马俑是农民无意中发现的。
妻子无意中在丈夫的手机里发现了一张年轻女孩的照片。

3. 以……方式

签字后，请您以特快专递的方式把文件寄给我们。
当地人以他们特有的方式迎接客人。
无论什么时候，爸爸妈妈都在背后支持我。他们以这样的方式来表达对我的爱。

4. 眼看

电影眼看就要开始了，朋友还没有来。
圣诞节眼看就到了，你准备好圣诞礼物了吗？
太危险了，汽车眼看就要撞到前边的孩子了。

5. 似的

他疯了似的冲了出去。
今天的月亮圆得像一面镜子似的。
今天的天气暖和得跟春天似的。

6. 怪……的

房间里怪热的，把空调打开吧！
这么多年没见，我怪想他的。
他为我挨了批评，我心里怪不好意思的。

二、给下面的汉字注上拼音，然后选择填空。

撕	退	印	撞	捞	伸	舔	砸	盯	散
______	______	______	______	______	______	______	______	______	______

1. 等______了会，你到我办公室来一下。
2. 她那可爱的样子深深地______在了我的脑海中。
3. 这件衣服是昨天买的，不太合适，您帮我______了吧。
4. 猫是一种爱干净的动物，总是用舌头______毛。
5. 因为喝了酒，他骑摩托车______到了树上。
6. 女孩从地上抓起一块石头，向坏人______去。
7. 我们队的主力队员被对方______住了，根本抢不到球。
8. 我费了好大劲儿才把手机从水池里______上来。
9. 听到楼下突然响起一阵歌声，大家不由得______出头去，看看是怎么回事。
10. 我忘带本子了，同桌从本子上______下来一张纸，递给了我。

三、给下面的词语注上拼音，然后选择填空。

试图	羡慕	可贵	祝福	成熟	感激	收获	吩咐	情景	分辨
______	______	______	______	______	______	______	______	______	______

1. 西瓜要等______了才好吃。
2. 验证码太不清楚了，我无法______，换一张吧。
3. 主任，有什么工作您尽管______，我一定努力办好。
4. 我们______说服他加入我们，但失败了。
5. 虽然毕业很多年了，但毕业晚会的______我还记得清清楚楚。
6. 在中国留学时，李老师一家给了我很大帮助，我非常______。
7. 今天的交流会，我们邀请了几位同学，请他们谈谈留学的______。
8. 亲身经历，尤其是失败的经历，非常______。
9. 春节的时候，人们都会收到很多______短信。
10. 听说她被名牌大学录取了，同学们都一脸______地看着她。

四、选择填空。

1. ______ 夜色降临，这里的小吃街便会热闹起来。

A. 每当　　　　B. 当时

2. 我看他______是不知道，可能是不想告诉我们。

A. 未必　　　　B. 必须

3. 服务员打扫房间时，______发现了一枚戒指。

A. 不由得　　　　B. 无意中

4. 最近人们常______短信的方式祝贺新年。

A. 凭　　　　B. 以

5. 病人昏了______，医生给他打了一针，病人才醒______。

A. 过去 / 过来　　　　B. 进去 / 出来

6. 听到这个消息，她站在那里傻了______，半天说不出话来。

A. 好像　　　　B. 似的

7. 这么晚了，女孩子一个人______不安全______，别出去了。

A. 怪……的　　　　B. 别提……了

8. ______大家到齐了，我们就立刻出发。

A. 等　　　　B. 在

HSK 拓展训练

一、请选出正确答案。

长城上每隔一______距离都建有一座烽火台。如果发现敌人来了，士兵们就在烽火台上点______火，旁边的烽火台看到火光，就会跟着点起火来，这样一个接一个将消息传递______。烽火的多少可以表示敌军的______，烽火越多，敌人就越多。烽火传递消息是非常快的，据说仅仅一天时间，就能把消息传递到几千里______。

1. A. 道	B. 片	C. 条	D. 段
2. A. 出	B. 起	C. 开	D. 去
3. A. 下来	B. 上去	C. 进去	D. 下去
4. A. 数量	B. 方向	C. 目标	D. 位置
5. A. 以后	B. 以前	C. 以外	D. 以下

二、请选出与短文内容一致的一项。

1. 网络成瘾是反复过度使用网络导致的一种精神行为障碍。据统计，青少年犯罪中 76% 的人都是网络成瘾患者。网络成瘾是可以治疗的，一般治疗时间为 3 个月左右，80% 的患者都可以通过治疗戒掉网瘾。

   A. 网络成瘾是一种不良的生活习惯
   B. 网络成瘾是造成青少年犯罪的重要原因
   C. 网络成瘾必须接受 3 个月的住院治疗
   D. 网络成瘾者经过治疗都能治好

2. 近日，青蛙养殖基地的员工发现了一只“白蛙”，这只白蛙身长约 3.5 厘米，全身皮肤薄且透明，可见骨骼和内脏。研究人员说，这是动物对环境的一种适应，蛙类如果生活在接触不到阳光的环境中，身体就会变成白色。

   A. 青蛙养殖基地专门培养白娃
   B. 白蛙的皮肤、骨骼、内脏都是白的
   C. 白蛙比一般青蛙更有价值
   D. 白蛙是因为接触不到阳光才变白的

第14单元

精读篇

北京的名菜多得数不清，北京的老店个个都有历史，有故事。这一课我们要讲的是全聚德烤鸭店的历史。

读前准备

1. 下面这些菜或小吃，你吃过哪些？你最喜欢哪个？

A. 涮羊肉	B. 刀削面	C. 烤鸭	D. 馄饨
E. 羊肉串	F. 糖葫芦	G. 烧卖	H. 煎饼

2. 你听说过“不到长城非好汉，不吃烤鸭真遗憾”这句话吗？你知道这句话是什么意思吗？

话说全聚德①

阅读要求：共590字，阅读时间9.5分钟，答题时间15分钟。

俗话说：“不到长城非好汉，不吃烤鸭真遗憾！”说起北京烤鸭来，最著名的当然要数“全聚德”了。

全聚德建于1864年，创始人[1]叫杨全仁。刚到

1. 创始人（名）chuàngshǐrén founder

① 全聚德（Quánjùdé）：中华著名老店，以烤鸭闻名。

北京时，杨全仁卖生鸡生鸭，由于精明[2]能干，生意越做越红火，再加上他平日省吃俭用[3]，几年下来，存下了一笔钱。

每天去市场的路上，杨全仁都要经过一间名叫“德聚全”的食品店。这间店的生意不好，眼看要倒闭[4]了，杨全仁就趁机买下了这家店。

有了自己的店，该起个什么字号呢？杨全仁便请来一位风水[5]先生，风水先生围着店转了两圈，称赞道：“哎呀，这真是一块风水宝地啊！您看店两边的两条小胡同[6]，就像两根轿[7]杆[8]，将来盖起一座楼房，就如同一顶八抬大轿，前途[9]无量啊！以前这家店走霉运，只要把‘德聚全’这三个字倒过来，生意就一定能兴隆[10]。”

“全聚德”这个名字正合杨全仁的心意[11]，一来呢，名字中有个“全”字，就是什么也不缺，很吉利[12]；二来呢，“聚德”就是聚拢[13]德行[14]的意思，做生意讲德行最重要。于是杨全仁请一位字写得很好的人，帮他写了“全聚德”三个大字，制作[15]了一块金匾[16]。

杨全仁深知要想生意兴隆，就得靠好厨师[17]。当他得知专为宫廷[18]制作烤鸭的金华馆内有一位姓孙的老师傅，烤鸭技术十分高超[19]时，就用重金把他请到了全聚德。孙师傅烤出的鸭子果然与众不同，色呈[20]枣红[21]，皮脆[22]肉嫩[23]，肥而不腻[24]，从此全聚德的生意越来越红火。

如今全聚德烤鸭被誉[25]为“中华第一吃”，成了到北京的游客不能不吃的一道名菜。

2. 精明（形）jīngmíng astute; shrewd
3. 省吃俭用 shěngchī-jiǎnyòng save money on food and expenses
4. 倒闭（动）dǎobì close down
5. 风水（名）fēngshuǐ the location of a house or tomb
6. 胡同（名）hútòng alley
7. 轿（名）jiào sedan
8. 杆（名）gān a long and thin cylindrical object
9. 前途（名）qiántú future; prospect
10. 兴隆（形）xīnglóng prosperous
11. 心意（名）xīnyì mind
12. 吉利（形）jílì auspicious
13. 聚拢（动）jùlǒng assemble; get together
14. 德行（名）déxíng moral integrity
15. 制作（动）zhìzuò make; produce
16. 匾（名）biǎn horizontal inscribed board
17. 厨师（名）chúshī cook; chef
18. 宫廷（名）gōngtíng the monarch and his officials; royal court
19. 高超（形）gāochāo excellent; superb
20. 呈（动）chéng present (form, color, etc.)
21. 枣红（名）zǎohóng purplish red; claret
22. 脆（形）cuì crisp
23. 嫩（形）nèn (of cooking) tender; underdone
24. 腻（形）nì greasy; oily
25. 誉（动）yù praise; eulogize

语言点

一、哎呀

“哎呀”是叹词，表示吃惊或惊喜。叹词是表达强烈感情或表示呼唤和应答的词，可单独成句。常见的叹词有：“咦”表示惊异，“唉”表示叹息，“嗬”多用于当面高声称赞，“哼”表示不满意或不相信，“啊（á）”表示因听不清楚而追问。

◆ 选择合适的叹词，完成下面的句子。

A. 啊　　B. 咦　　C. 哼　　D. 唉　　E. 嗬

1. ________，100分，考得不错嘛！
2. ________，我的钥匙呢？我明明放在口袋里了。
3. ________，我刚才没听清楚，你能再说一遍吗？
4. ________，你是怎么搞的？怎么又迟到了？
5. ________，你别想骗我！昨天晚上你到底去哪儿了？

二、枣红

汉语中的基本颜色词有“红、白、绿、蓝、黄、紫、粉、灰、黑”等，对颜色进一步说明，有3种主要方式：A. 在颜色词前加上颜色与该颜色类似的物品名，如“枣红、火红、桃红、酒红、橘红”等；B. 两个相近颜色的词的叠加，如“粉红、紫红”；C. 在颜色词前加表示程度的形容词，如“深红、浅红、大红”。

◆ 在以下颜色词前，加上合适的字组词。

1. 绿：________绿　________绿　________绿
2. 黄：________黄　________黄　________黄
3. 蓝：________蓝　________蓝　________蓝
4. 白：________白　________白　________白

读后练习

一、根据课文，回答问题。

1. 全聚德建于哪一年？创始人是谁？
2. 风水先生为什么说“这是一块风水宝地”？
3. “全聚德”这个名字是什么意思？是怎么来的？
4. 全聚德烤鸭有什么特点？

二、根据课文，判断正误。

1. 杨全仁靠养鸡养鸭存下了一笔钱。（ ）
2. 杨全仁买下这家店，是因为它的风水很好。（ ）
3. “全聚德”这个名字是杨全仁自己起的。（ ）
4. 全聚德两边有两条小胡同，胡同里各有一顶八抬大轿。（ ）
5. 杨全仁认为做生意德行很重要。（ ）
6. 杨全仁认为烤鸭店要想生意好，厨师的技术很重要。（ ）
7. 全聚德的生意越来越红火，是因为店的风水好。（ ）
8. 孙师傅原来是金华馆的厨师。（ ）
9. 因为烤鸭的技术非常高，孙师傅被请进了宫廷。（ ）
10. 孙师傅制作的烤鸭又肥又腻。（ ）

三、根据课文，选择加点词语的正确解释。

1. 话说全聚德

A. 说话　　B. 讲述　　C. 对话　　D. 谈话

2. 由于精明能干，生意越做越红火

A. 顺利　　B. 受欢迎　　C. 兴隆　　D. 热情

3. 有了自己的店，该起个什么字号呢

A. 名字和号码　　B. 商店的标志　　C. 好听的名字　　D. 商店的名字

4. 将来盖起一座楼房，就如同一顶八抬大轿，前途无量啊

A. 好像　　B. 如果　　C. 相同　　D. 一样

5. 将来盖起一座楼房，就如同一顶八抬大轿，前途无量啊

A. 八个人坐的轿子　　B. 八个人抬的轿子
C. 八顶大轿子　　D. 八辆大轿车

6. 将来盖起一座楼房，就如同一顶八抬大轿，前途无量啊

A. 将来会有很大发展　　B. 将来的事情无法预测
C. 前面的路还有很远　　D. 前面的路不知有多远

7. 以前这家店走霉运

A. 不受欢迎　　B. 运气很好　　C. 风水不好　　D. 运气很差

8. 当他得知专为宫廷制作烤鸭的金华馆内有一位姓孙的老师傅

A. 满意，得意　　B. 明白清楚　　C. 得到知识　　D. 听说

9. 就用重金把他请到了全聚德

A. 重金属　　B. 黄金　　C. 大笔的钱　　D. 巧妙的方法

10. 孙师傅烤出的鸭子果然与众不同

A. 很特别　　B. 跟别的一样　　C. 跟别的差不多　　D. 没什么不同

四、选择与句子中加点词语意思相同的一个。

1. 将来盖起一座楼房，就如同一顶八抬大轿。

A. 盖饭吃起来很方便。
B. 等新宿舍盖好了，我们就可以搬进去了。
C. 小明读的声音最大，把大家的声音都盖过去了。
D. 你先填好入学申请表，然后去办公室盖章。

2. 将来盖起一座楼房，就如同一顶八抬大轿。

A. 你这顶帽子真漂亮。
B. 他用头把球顶进了球门。
C. 爬了整整四个小时，我们终于爬到了山顶。
D. 一双名牌鞋的价钱顶好几双普通鞋。

3. “全聚德”这个名字正合杨全仁的心意。

A. 把咱们几个人的钱合起来就够了。
B. 祝您合家欢乐，万事如意！
C. 不知道这些菜合不合您的口味？
D. 现在一美元合多少人民币？

五、联系课文，小组讨论下面问题。

你还听说过北京的其他老店吗？请上网查一查，试着介绍一家老店的历史。

泛读篇

1. 冬至饺子的故事

阅读要求：约 270 字，阅读时间 4.5 分钟，答题时间 8 分钟。

每年冬至①，中国许多地方有吃饺子的习俗[1]，据说这是为了纪念张仲景。

张仲景是东汉②的一位医学家，曾经当过长沙③太守④，后来辞官[2]回家乡，专门为乡亲[3]治病。张仲景返乡之时，正是冬至，他看到乡亲们饥寒交迫[4]，不少人的耳朵都冻[5]伤了，便让徒弟们用大锅[6]煮[7]“祛寒[8]娇[9]耳汤”，给乡亲们治冻伤的耳朵。

他把羊肉等放在锅里煮，然后捞出来切碎做成馅儿[10]，再用面皮包成耳朵的形状[11]，煮熟后分给乡亲们吃。乡亲们吃了“娇耳”，喝了“祛寒汤”，浑身暖和，两耳发热，冻伤的耳朵就治好了。

后来每到冬至这一天，人们就做“娇耳”吃，“娇耳”就是现在的冬至“饺子”。

1. 习俗 xísú
2. 辞官 cí guān
3. 乡亲 xiāngqīn
4. 饥寒交迫 jīhán-jiāopò
5. 冻 dòng
6. 锅 guō
7. 煮 zhǔ
8. 祛寒 qūhán
9. 娇 jiāo
10. 馅儿 xiànr
11. 形状 xíngzhuàng

① 冬至：二十四节气之一，一般在每年的 12 月 21、22 或 23 日。
② 东汉（25—220）：朝代名，也叫后汉。
③ 长沙（Chángshā）：地名，今湖南省省会。
④ 太守（tàishǒu）：官名，古代地方最高行政长官。

一、根据课文，回答问题。

1. 冬至吃饺子是为了纪念谁？

2. 饺子是什么时候开始出现的？

3. 饺子原名叫什么？

二、根据课文，判断正误。

1. 张仲景原来是长沙太守，后来开始学医。 （ ）
2. 看到乡亲们的耳朵都冻烂了，张仲景决定辞官。 （ ）
3. 张仲景让徒弟们给乡亲们煮“祛寒娇耳汤”。 （ ）
4. 娇耳皮是用面做的，里边有羊肉等。 （ ）
5. 因为“娇耳”形状像耳朵，所以可以治冻伤的耳朵。 （ ）
6. 每年冬至，人们都煮“祛寒娇耳汤”来治冻伤的耳朵。 （ ）

三、根据课文，选择加点词语的正确解释。

1. 后来辞官回家乡，专门为乡亲治病

A. 因为年老离开官位
B. 被要求离开官位
C. 主动提出离开官位
D. 因病离开官位

2. 后来辞官回家乡，专门为乡亲治病

A. 亲戚们　　B. 农村人　　C. 当地人　　D. 家乡人

3. 张仲景返乡之时，正是冬至

A. 回家　　B. 回国　　C. 回城　　D. 回到家乡

4. 他看到乡亲们饥寒交迫，不少人的耳朵都冻伤了

A. 又冷又困　　B. 又冷又饿　　C. 又累又饿　　D. 又渴又饿

5. 便让徒弟们用大锅煮祛寒娇耳汤

A. 弟弟　　B. 学生　　C. 帮手　　D. 师傅

2. 元宵[1]和汤圆[2]

阅读要求：约 380 字，阅读时间 6 分钟，答题时间 8 分钟。

正月①十五吃元宵，这个习俗在我国由来已久。宋代②流行一种元宵节吃的食品，这种食品用各种果脯[3]做馅儿，外面用糯米[4]粉做成球儿，煮熟后，吃起来香甜可口。因为这种糯米球在锅里煮时，一会儿浮[5]上来，一会儿又沉下去，所以当时叫“浮元子”，后来才改称“元宵”。

南方一般把“元宵”称为“汤圆”。据说，1912 年袁世凯做了“中华民国”的大总统[6]，因为“元”和“袁”同音、“宵”与“消”同音，“元宵”与“袁消”谐音[7]，有“袁世凯被消灭[8]”的意思，所以 1913 年元宵节前，袁世凯下令把“元宵”改称“汤圆”。这便是“汤圆”这一名称的来历[9]。

也有人认为，汤圆和元宵是两种完全不同的食物[10]，因为它们制作方法不同。汤圆是包出来的，就像包饺子。元宵是“滚[11]”出来的，元宵馅儿是固体[12]的小方块儿[13]，把馅儿放在装满糯米粉的筛子[14]里，然后一边摇筛子，一边洒[15]水，馅儿上的糯米粉越来越多，就像滚雪球一样滚成了元宵。

1. 元宵 yuánxiāo
2. 汤圆 tāngyuán
3. 果脯 guǒfǔ
4. 糯米 nuòmǐ
5. 浮 fú
6. 总统 zǒngtǒng
7. 谐音 xiéyīn
8. 消灭 xiāomiè
9. 来历 láilì
10. 食物 shíwù
11. 滚 gǔn
12. 固体 gùtǐ
13. 方块儿 fāngkuàir
14. 筛子 shāizi
15. 洒 sǎ

一、根据课文，回答问题。

1. 元宵节一般是在什么时候？
2. “汤圆”这个名字是从什么时候开始有的？
3. 袁世凯为什么要把“元宵”改称“汤圆”？

二、根据课文，判断正误。

1. 宋代就有元宵这种食物，当时叫“浮元子”。（　　）
2. 元宵是一种煮着吃的糯米球儿，里边有果脯馅儿。（　　）

① 正月（Zhēngyuè）：农历一月。
② 宋代（Sòngdài，960—1279）：朝代名，包括北宋（960—1127）和南宋（1127—1279）。

3. 煮元宵的时候，元宵总是浮在水面上。 (　　)
4. 做元宵的时候，要在筛子里放满水、糯米粉和馅儿。 (　　)
5. 有人认为元宵和汤圆是同种食物，南方叫汤圆，北方叫元宵。 (　　)
6. 人们吃元宵是为了消灭袁世凯。 (　　)
7. 据说，汤圆这个名字是袁世凯起的。 (　　)
8. 做汤圆就像包饺子，做元宵就像滚雪球。 (　　)

三、根据课文，选择加点词语的正确解释。

1. 这个习俗在我国由来已久

A. 历史很久　　B. 早就听说过　　C. 有很多理由　　D. 不知从何时起

2. 一会儿浮上来，一会儿又沉下去

A. 流　　B. 游　　C. 漂　　D. 飘

3. “元宵”与“袁消”谐音，有“袁世凯被消灭”的意思

A. 声调一样或差不多　　B. 意思一样或差不多
C. 写法一样或差不多　　D. 读音一样或差不多

4. 袁世凯下令把“元宵”改称“汤圆”

A. 下命令　　B. 提建议　　C. 出主意　　D. 想办法

5. 这便是“汤圆”这一名称的来历

A. 来自　　B. 意思　　C. 历史　　D. 情况

3. 粽子[1]的故事

阅读要求：约 330 字，阅读时间 5 分钟，答题时间 8 分钟。

农历[2]五月初五是端午节[3]，民间[4]有吃粽子的习俗，传说这是为了纪念大诗人[5]屈原①。

1. 粽子 zòngzi
2. 农历 nónglì
3. 端午节 Duānwǔ Jié
4. 民间 mínjiān
5. 诗人 shīrén

① 屈原（Qū Yuán，公元前 340—公元前 278）：战国时期楚国人，著名诗人。

屈原是楚国人，楚国快要灭亡时，屈原在农历五月初五这天跳江自杀了。人们很难过，于是每年的这天，就将米粮等煮熟扔入江中祭祀[6]他。

一天晚上，有一位老人梦到了屈原，屈原说："你们送来的食物都让鱼虾[7]吃了。"老人问："怎样才不会被它们吃掉呢？"屈原说："你们用竹叶[8]把米粮包起来，做成菱角[9]的样子，它们以为是菱角就不会抢着吃了。"

第二年的端午节，人们按照屈原的话，往江里扔了很多菱角形的粽子。可是，屈原又在梦里对老人说："大部分粽子还是被鱼虾吃了。"老人问屈原："还有什么办法吗？"屈原说："你们把送粽子的船做成龙的样子，鱼虾害怕龙，它们不敢吃龙王的东西。"这就是端午节吃粽子、划[10]龙舟[11]的来历。

6. 祭祀 jìsì

7. 虾 xiā

8. 竹叶 zhúyè

9. 菱角 língjiǎo

10. 划 huá

11. 龙舟 lóngzhōu

一、根据课文，回答问题。

1. 端午节是在什么时候？
2. 端午节为什么吃粽子？
3. 除了吃粽子以外，端午节还有什么活动？

二、根据课文，判断正误。

1. 屈原是楚国国王。（　）
2. 楚国灭亡后，屈原跳江自杀了。（　）
3. 老人在梦里见到了屈原。（　）
4. 粽子是用竹叶包着的米粮，形状像菱角。（　）
5. 鱼虾以为粽子是菱角，没有吃粽子。（　）
6. 人们把送粽子的船做成龙的样子。（　）
7. 端午节的时候，人们划着龙舟给龙王送粽子。（　）

三、选择与句子中加点词语意思相同的一个。

1. 你们用竹叶把米粮包起来，做成菱角的样子。

A. 给这本书包个书皮吧。

B. 我去超市买了两大包食物。
C. 公司包吃住，这块儿能省不少钱。
D. 吃不了的菜可以打包带回家。

2. 这就是端午节吃粽子、划龙舟的来历。

A. 我的手被纸划破了。
B. 这件衣服质量不错，很划算。
C. 我不喜欢划船，你呢？
D. 你应该先订个计划。

4. 月饼[1]的故事

阅读要求：约 300 字，阅读时间 4.5 分钟，答题时间 8 分钟。

农历八月十五是中秋节，中秋节是仅次于[2]春节的第二大传统[3]节日。吃月饼是中秋节的习俗之一，月饼象征[4]着团圆[5]。

据记载，商、周时期①，江浙②一带就有一种“太师饼”，这是月饼的“始祖[6]”。汉代从西域③传来了芝麻[7]和胡桃[8]，于是便出现了用芝麻和胡桃仁做馅儿的“太师饼”，叫作“胡饼”。唐代京城[9]长安有很多专门制作和出售[10]胡饼的店。

据说“月饼”这个名字是杨贵妃起的。有一年中秋节，唐玄宗④和杨贵妃一边赏[11]月，一边吃胡饼，唐玄宗嫌胡饼这个名字不好听，杨贵妃抬头望着月亮[12]，随口说出了“月饼”这个名字，从此“胡饼”就改名为“月饼”了。

明代⑤，中秋节吃月饼的习俗开始在民间流传[13]开来，月饼成了人们必备[14]的中秋食品。

1. 月饼 yuèbing
2. 仅次于 jǐn cìyú
3. 传统 chuántǒng
4. 象征 xiàngzhēng
5. 团圆 tuányuán
6. 始祖 shǐzǔ
7. 芝麻 zhīma
8. 胡桃 hútáo
9. 京城 jīngchéng
10. 出售 chūshòu
11. 赏 shǎng
12. 月亮 yuèliang
13. 流传 liúchuán
14. 必备 bìbèi

① 商、周时期：商朝（公元前 1600—公元前 1046），周朝（公元前 1046—公元前 256）。
② 江浙（Jiāng-Zhè）：江苏省和浙江省。
③ 西域（Xīyù）：汉代指现在玉门关以西的新疆和中亚地区。
④ 唐玄宗（Táng xuánzōng）：唐朝皇帝，真名叫李隆基（685—762），712 年至 756 年在位。
⑤ 明代（1368—1644）：朝代名。

一、根据课文，回答问题。

1. 中秋节是在什么时候？中秋节为什么吃月饼？

2. 月饼曾经叫什么名字？月饼这个名字是怎么来的？

二、根据课文，判断正误。

1. 现代月饼商、周时期就有，当时又叫“太师饼”。（　）
2. 芝麻和胡桃的原产地是江浙一带。（　）
3. “胡饼”是用芝麻和胡桃仁做馅儿的太师饼。（　）
4. 唐代胡饼已经是一种很常见的食品了。（　）
5. 杨贵妃觉得胡饼这个名字不好听，把它改成了“月饼”。（　）
6. 月饼成为民间的中秋食品是从明代开始的。（　）

三、根据课文，选择加点词语的正确解释。

1. 月饼象征着团圆

A. 说明　B. 代表　C. 好像　D. 意思

2. 唐代京城长安有很多专门制作和出售胡饼的店

A. 卖　B. 买　C. 出　D. 产

3. 杨贵妃抬头望着月亮，随口说出了“月饼”这个名字

A. 开口　B. 可口　C. 大声　D. 顺口

4. 中秋节吃月饼的习俗开始在民间流传开来

A. 传说　B. 传统　C. 传播　D. 活动

四、根据课文，选择句子的正确解释。

1. 中秋节是仅次于春节的第二大传统节日。

A. 中秋节和春节一样重要。
B. 中秋节和春节都是传统节日。
C. 中国有两大传统节日：春节和中秋节。
D. 春节是第一大传统节日，中秋节是第二大传统节日。

2. 月饼成了人们必备的中秋食品。

A. 只有过中秋节，人们才吃月饼。
B. 过中秋节，一定要请客人吃月饼。
C. 月饼是人们中秋节时非吃不可的食品。
D. 过中秋节，家家户户必须自己做月饼。

单元练习

一、朗读句子，注意词语的用法。

1. 说起……来

说起烤鸭来，最著名的当然要数“全聚德”了。
说起北京来，给我印象最深的当然是四合院了。
说起学汉语来，最让我头疼的就是声调了。

2. 越……越……

这家店的生意越做越红火。
这部电视剧很有意思，我越看越爱看。
有人说，日语越学越难，英语越学越容易。

3. 一来（呢），……；二来（呢），……

在本地读大学，一来可以住在家里，二来与朋友见面也很方便。
一来呢，工作太忙；二来呢，家里事情太多，所以我最近没有去旅行。
我觉得小李更合适：一来呢，他有工作能力；二来呢，他为人和气。

4. 呈

这种毒蛇的头部呈三角形。
银杏树的果实呈圆形。
北极熊的毛皮呈暗白色。

5. 被誉为

九寨沟风景美丽，被誉为“童话世界”。
李白被誉为“诗仙”，杜甫被誉为“诗圣”。
拉萨平均每天的日照时间为 8 小时 15 分钟，被誉为“日光城”。

6. 仅次于

土星是八大行星中仅次于木星的第二大行星。
中国的陆地面积仅次于俄罗斯和加拿大，居世界第三位。
长江长达 6300 公里，仅次于非洲的尼罗河和南美洲的亚马孙河。

二、给下面的汉字注上拼音，然后选择填空。

腻	嫩	倒	呈	誉	冻	煮	划	专	赏
______	______	______	______	______	______	______	______	______	______

1. 我喜欢吃煎得______一点儿的鸡蛋。
2. 苏州和杭州风景优美，被______为“人间天堂”。
3. 不想做饭的时候，我就______速冻饺子吃，很方便。
4. 我们队______得很快，不一会儿船就到达了终点。
5. 这个产品是______为行动不便的人设计的。
6. 这道菜甜而不______，入口即化，是这家店的名菜。
7. 把“德聚全”三个字______过来就是“全聚德”。
8. 粽子______菱角形，外面是竹叶，里边包的是糯米。
9. 今晚月亮很大很圆，大家一边______月，一边聊天。
10. 冬天气温很低，河里的水都______成了冰。

三、给下面的词语注上拼音，然后选择填空。

倒闭	兴隆	精明	前途	制作	习俗	来历	纪念	象征	团圆
______	______	______	______	______	______	______	______	______	______

1. 朋友新开了一家餐厅，我祝他生意______。
2. 这家工厂因为产品卖不出去，______了。

3. 红十字已经成了人道主义的______。

4. 中国人过春节有贴春联的______。

5. 与网络有关的产业很有发展______。

6. 关于端午节的______有很多说法，课文里介绍的只是其中一种。

7. 每年春节，不管在哪里，他都想办法回家与家人______。

8. 去旅行时，我们拍了很多张照片做______。

9. 我家的餐桌和书架都是爸爸亲手______的。

10. 做生意不仅要______，德行也很重要。

四、选择填空。

1. 一位留学生说:“我觉得汉语______学______有意思。”

A. 越……越……　　B. 一……就……

2. ______成人、孩子还是老人，门票______是一样的价格。

A. 只要……就……　　B. 不论……都……

3. 儿子送的生日礼物正______妈妈的______，妈妈很开心。

A. 合……心意　　B. 拿……主意

4. 假期我没有去旅行，______是因为人多，______是想休息一下。

A. 一来……二来……　　B. 先……然后……

5. ______得知自己被一家大公司录用的消息______，他赶紧给家人打电话。

A. 当……时　　B. 临……前

6. 端午节的时候，人们用竹叶把糯米包______，做成粽子。

A. 过来　　B. 起来

7. 客人不多，我______准备 10 瓶啤酒就够了，没想到来的客人都很能喝。

A. 作为　　B. 以为

8. 加拿大面积居世界第二位，______俄罗斯。

A. 仅次于　　B. 不亚于

HSK 拓展训练

一、请选出正确答案。

汉语是有声调的______，声调不同，意思就不一样。古代汉语中不同的声调常常______不同的词性。比如“衣”，读“yī”时是名词，“衣服”的意思；读第四声“yì”时就______了动词，是“穿”的意思。现代汉语里也还有______的现象，比如，北京话说“墙上钉着一个钉子”“背上背着一个书包”，就是______声调来区分动词和名词的。

1. A. 说话　　B. 语言　　C. 外语　　D. 言语
2. A. 代表　　B. 作为　　C. 成为　　D. 当作
3. A. 变　　B. 换　　C. 改　　D. 成
4. A. 这种　　B. 这样　　C. 这么　　D. 这个
5. A. 被　　B. 在　　C. 用　　D. 把

二、请选出与短文内容一致的一项。

1. 最近，某网站针对人们对“相亲”的看法，进行了一次调查。结果“赞同相亲”的人占参与调查人数的34%，“反对相亲”的占58%。赞同者认为，相亲对整天忙于工作的职业女性比较有帮助。反对者认为，相亲像一场严肃的闹剧，出现在二十一世纪很可笑。

A. 某网站专门经营相亲业务
B. 赞同相亲的人高于反对相亲的人
C. 相亲适合整天忙于工作的职业女性
D. 相亲时应该看一种严肃的闹剧

2. 我们通常把习惯用左手做事，左手比右手更灵活的人称为“左撇子”。据说，左撇子在运动方面很有天赋，他们尤其擅长击剑、乒乓球、篮球等项目；他们也有一些弱点，比如容易激动、发脾气，容易得肠炎。不过，左撇子是否有这些优点和缺点，还需要进一步研究。

A. 左撇子左手比右手灵活
B. 研究表明，左撇子擅长运动
C. 研究表明，左撇子容易得肠炎
D. 左撇子的优点比缺点多

词 汇 总 表

(序号为单元数，不带 * 的代表精读篇课文，带 * 的代表泛读篇课文)

A			
爱慕	àimù	adore; admire	13*
安定	āndìng	stable	11*
安全	ānquán	safe; secure	3*
安慰	ānwèi	comfort; console	7*
安稳	ānwěn	stable; peaceful	3

B			
罢	bà	finish	8
掰	bāi	break off or divide with the hand	6*
白	bái	show the whites of eyes	11*
拜拜	báibái	bye	6*
拜访	bàifǎng	pay a visit	7*
半径	bànjìng	radius	2*
半途而废	bàntú'érfèi	give up halfway	11*
棒子	bàngzi	maize; corn	6*
薄	báo	thin	2*
保姆	bǎomǔ	babysitter	9
保证	bǎozhèng	ensure; guarantee	4
宝塔	bǎotǎ	pagoda	5*
报答	bàodá	repay; requite	8
报告	bàogào	report	1*
抱怨	bàoyuàn	complain; grumble	5*
悲伤	bēishāng	sad; sorrowful	11
背	bēi	carry on the back	5
倍	bèi	times	2*
呗	bei	used to show that sth. is self-evident	4*
彼此	bǐcǐ	each other	13
臂	bì	limb	13*
必备	bìbèi	necessary; essential	14*
扁担	biǎndan	carrying pole	3
匾	biǎn	horizontal inscribed board	14
标准	biāozhǔn	standard; norm	12*
播种	bōzhòng	seed; sow	13*
脖子	bózi	neck	4
不妨	bùfáng	may as well	12*
不料	búliào	unexpectedly; to one's surprise	8
不如	bùrú	not as good as	2
不屑	búxiè	disdain to do sth.	13
不厌其烦	búyànqífán	be not tired of	1

C			
才艺	cáiyì	talent and skill	12
藏	cáng	hide	8
曾	céng	once	3*
曾经	céngjīng	ever; once	13
插	chā	stick	3*
长凳	chángdèng	bench	11*
抄	chāo	copy	5*
超过	chāoguò	exceed; more than	12*
潮流	cháoliú	tide; tidal current	12*
车夫	chēfū	carter	10*
车厢	chēxiāng	railway carriage	12*
沉	chén	keep down	1
沉默	chénmò	keep silent	1*
沉鱼落雁	chényú-luòyàn	beauties 落 fall; 雁 wild goose	12
趁机	chènjī	take advantage of the occasion	12
撑	chēng	prop up; support	11*
称	chēng	weigh	2*

称赞	chēngzàn	praise; acclaim	7
成功	chénggōng	succeed	5*
成绩	chéngjì	school record	5*
成熟	chéngshú	ripe; mature	13*
成语	chéngyǔ	idioms	12
呈	chéng	present (form, color, etc.)	14
吃惊	chī jīng	be shocked	1
吃亏	chī kuī	suffer losses	3
重建	chóngjiàn	rebuild	12
宠爱	chǒng'ài	make a pet of sb.; love ardently	12
抽屉	chōutì	drawer	13
丑	chǒu	ugly	9
出产	chūchǎn	produce	10*
出名	chūmíng	famous; well-known	10
出色	chūsè	outstanding; remarkable	10
出售	chūshòu	sell	14*
厨师	chúshī	cook; chef	14
锄头	chútou	hoe	8
穿着	chuānzhuó	dress; apparel	10
传说	chuánshuō	it is said; legend	12
传统	chuántǒng	tradition	14*
闯	chuǎng	rush; break through	8*
创始人	chuàngshǐrén	founder	14
纯棉	chúnmián	pure cotton	12*
辞官	cí guān	resign	14*
辞职	cízhí	resign; quit office	11
刺	cì	stab; prick	8*
从来	cónglái	from past till present	1
脆	cuì	crisp	14
村子	cūnzi	village	3*
存	cún	save	2

D

答应	dāying	reply; respond	4*
打赌	dǎ dǔ	bet	6*
打量	dǎliang	measure with the eye	7*
大惑不解	dàhuòbùjiě	be not a little bewildered; be greatly puzzled	4*
呆	dāi	blank	1
戴	dài	put on; wear	6
袋	dài	bag; sack	8
袋子	dàizi	sack; bag	9
单独	dāndú	alone; by oneself	6
蛋	dàn	egg	1
当场	dāngchǎng	on the spot; then and there	6
当然	dāngrán	naturally; without doubt	1
倒闭	dǎobì	close down	14
道	dào	of orders, questions, etc.	9
道理	dàolǐ	reason	5*
得意	déyì	proud; pleased	3*
得意洋洋	déyì-yángyáng	be immensely proud	2*
得罪	dézuì	displease; offend	10*
德行	déxíng	moral integrity	14
凳子	dèngzi	stool	8*
滴答	dīdā	tick; ticktack	6*
吊坠	diàozhuì	pendant	6
盯	dīng	fix one's eyes on	13*
丢失	diūshī	missing	7*
东施效颦	dōngshī-xiàopín	Dongshi, an ugly woman, knitting her brows in imitation of the famous beauty Xishi(西施), only to make herself uglier–crude imitation with ludicrous effect. 效 imitate; 颦 knit the brows	12

冻	dòng	freeze; be frostbitten	14*
洞	dòng	hole; cavity	5*
端午节	Duānwǔ Jié	the Dragon Boat Festival	14*
断	duàn	break; snap	7*
对岸	duì'àn	the other side of the river	3*
对付	duìfu	deal with; cope with	4
对象	duìxiàng	boy or girl friend	9*
蹲	dūn	squat on the heels	11*
躲	duǒ	hide	4
E			
恶狠狠	èhěnhěn	fierce; ferocious	8
鳄鱼	èyú	crocodile	3*
F			
发愁	fā chóu	worry; be anxious	10
发呆	fā dāi	daze	12
发型	fàxíng	hairstyle	12
番	fān	a course; time	7*
翻	fān	overturn	3
凡是	fánshì	every; any; without exception	4*
反而	fǎn'ér	on the contrary	7*
方块儿	fāngkuàir	block	14*
方向盘	fāngxiàngpán	steering wheel	12*
废品	fèipǐn	broken, old and worthless objects	13
分辨	fēnbiàn	distinguish	13*
吩咐	fēnfù	tell; instruct	13*
粉碎	fěnsuì	smash; break into pieces	10
丰满	fēngmǎn	full and rounded	12*
风水	fēngshuǐ	the location of a house or tomb	14
否认	fǒurèn	deny; negate	8
夫妇	fūfù	husband and wife	2
夫妻	fūqī	husband and wife	9
浮	fú	float	14*
浮动	fúdòng	fluctuate	12*
俘虏	fúlǔ	captive; take prisoner	12
福气	fúqì	good luck; good fortune	7*
驸马	fùmǎ	emperor's son-in-law	3*
富有	fùyǒu	rich; wealthy	7
G			
改	gǎi	alter; revise	4*
干	gān	waterless; empty	3
杆	gān	a long and thin cylindrical object	14
敢	gǎn	dare	4
赶	gǎn	rush for	1*
赶紧	gǎnjǐn	lose no time	9
感动	gǎndòng	moved; touch	6
感激	gǎnjī	appreciate	13*
缸	gāng	vat; crock	3
高超	gāochāo	excellent; superb	14
割	gē	cut	13*
隔壁	gébì	next door	3*
根	gēn	for long, thin objects	11*
根本	gēnběn	at all	2
耕地	gēngdì	plough, till; cultivated land	1
弓	gōng	bow	8*
供	gōng	supply; support	11
工夫	gōngfu	time	10*
工资	gōngzī	salary; wage	11
公告	gōnggào	announcement	8*
公平	gōngpíng	fair; just	5*
公式	gōngshì	formula	12*
功课	gōngkè	school lesson	11

宫廷	gōngtíng	the monarch and his officials; royal court	14
狗熊	gǒuxióng	black bear	6*
够	gòu	enough	2*
孤独	gūdú	lonely	11*
姑娘	gūniang	girl	1
古典	gǔdiǎn	classical	12*
骨头	gǔtou	bone	3*
固体	gùtǐ	solid	14*
挂号	guà hào	register	4*
关爱	guān'ài	express solicitude for the well-being of; care and love	13
观察	guānchá	observe; watch	8*
管	guǎn	be concerned about; care about	2*
管理	guǎnlǐ	manage	12
罐	guàn	jar; a can of	6*
光棍儿	guānggùnr	bachelor	5*
逛	guàng	stroll; saunter	6
鬼	guǐ	ghost	5
柜台	guìtái	counter; bar	13
滚	gǔn	roll	14*
锅	guō	pan; pot	14*
果脯	guǒfǔ	preserved fruit	14*
果然	guǒrán	as expected; really	8*
果实	guǒshí	fruit	13*

H

寒冷	hánlěng	cold	13*
喊	hǎn	shout; yell	3*
好好	hǎohǎo	all out	4*
好奇	hàoqí	curious	7
和尚	héshang	Buddhist monk	1
合身	héshēn	fit	12*
轰	hōng	explode	11*
吼	hǒu	roar; howl	13*
厚	hòu	thick	2*
候选者	hòuxuǎnzhě	candidate	3*
忽然	hūrán	suddenly	3*
壶	hú	pot	2*
胡桃	hútáo	walnut	14*
胡同	hútòng	alley	14
糊涂	hútu	confused	7*
哗	huā	the noise of water splashing	5
花生	huāshēng	peanut	13*
划	huá	row; paddle	14*
画展	huàzhǎn	art exhibition	10
缓缓	huǎnhuǎn	slowly	7
恍然大悟	huǎngrándàwù	come to understand suddenly	8*
谎话	huǎnghuà	lie	1*
恢复	huīfù	recover; renew	10*
回绝	huíjué	decline; refuse	9*
毁	huǐ	destroy	11*
汇款单	huìkuǎndān	the remittance	13
昏	hūn	faint; lose consciousness	13*
婚姻	hūnyīn	marriage; matrimony	9
浑身	húnshēn	from head to foot	8*
混蛋	húndàn	bastard; scoundrel	3*
混	hùn	pass for	9*
活泼	huópō	active; full of life	6*
火	huǒ	angry	10*

J

饥饿	jī'è	hungry	5*
饥寒交迫	jīhán-jiāopò	suffer hunger and cold	14*
机床	jīchuáng	machine tool	11
机会	jīhuì	chance	5*
即将	jíjiāng	be about to	6*

即使	jíshǐ	even if	4
吉利	jílì	auspicious	14
急忙	jímáng	in a hurry; hastily	8
集市	jíshì	market; bazaar	5
系	jì	tie	8
纪念	jìniàn	commemorate; souvenir	13
技术	jìshù	skill	1*
祭祀	jìsì	sacrifice; fete	14*
继续	jìxù	continue	2*
记载	jìzǎi	put down in writing	9
夹	jiā	pick up with chopsticks	6*
加入	jiārù	join; participate	9*
加深	jiāshēn	deepen	13
假装	jiǎzhuāng	pretend	9*
架	jià	for things with support or with machines	5*
嫁	jià	marry	3*
嫁妆	jiàzhuang	dowry; trousseau	5*
驾驶	jiàshǐ	drive	12*
肩	jiān	shoulder	5
奸细	jiānxì	spy; enemy agent	8*
监狱	jiānyù	prison	11*
剪刀	jiǎndāo	scissors	11*
减肥	jiǎnféi	lose weight	1*
简直	jiǎnzhí	simply; at all	8
箭	jiàn	arrow	8
见多识广	jiànduō-shíguǎng	have great experience	5
见怪	jiànguài	mind; take offence	5
渐渐	jiànjiàn	gradually	2
将来	jiānglái	future	9
浇	jiāo	sprinkle water on	13*
娇	jiāo	delicate; lovely	14*
交流	jiāoliú	exchange; communicate	6*
郊外	jiāowài	outskirts; environs	11*
轿	jiào	sedan	14
接受	jiēshòu	accept	9*
接着	jiēzhe	continuously	10
结	jié	unite	9
洁净	jiéjìng	clean	11*
解释	jiěshì	explain	6*
戒指	jièzhi	ring	7
仅次于	jǐn cìyú	be next only to	14*
尽管	jǐnguǎn	not hesitate to	10
京城	jīngchéng	the capital of a country	14*
经历	jīnglì	experience	9*
精明	jīngmíng	astute; shrewd	14
竟然	jìngrán	unexpectedly	6
镜子	jìngzi	mirror	7*
究竟	jiūjìng	actually; exactly	6*
救	jiù	save	8
居然	jūrán	unexpectedly	13*
举办	jǔbàn	hold	10
聚	jù	gather	4
聚会	jùhuì	party; get-together	1*
聚拢	jùlǒng	assemble; get together	14
巨大	jùdà	huge; tremendous	11
拒绝	jùjué	refuse	9*
距离	jùlí	gap	9*
据说	jùshuō	it is said	12*
骏马	jùnmǎ	fine horse; steed	7*

K

看望	kànwàng	visit; see	7*
扛	káng	lift on shoulder	5
考虑	kǎolǜ	consider; think over	11*
靠近	kàojìn	near; close to	7

颗	kē	of small and round things	12*
可贵	kěguì	valuable	13*
可惜	kěxī	unfortunate	10*
空地	kòngdì	open ground	13*
口袋	kǒudai	pocket	5*
口水	kǒushuǐ	slaver; saliva	5
魁梧	kuíwu	big and tall	7*
捆	kǔn	tie; bind	8*

L

蜡烛台	làzhútái	candlestick	3
来历	láilì	past; origin	14*
栏	lán	column	13
滥竽充数	lànyú-chōngshù	act as a stopgap; make up the member	9*
捞	lāo	scoop up from a liquid	13*
劳动	láodòng	work; labour	2
老虎	lǎohǔ	tiger	1
老鼠	lǎoshǔ	mouse; rat	4
乐呵呵	lèhēhē	a merry laugh	5
理想	lǐxiǎng	ideal; imagination or hope for the future	9*
理应	lǐyīng	ought to	8*
厉害	lìhài	outstanding	5*
立即	lìjí	immediately; at once	8
立刻	lìkè	immediately	4*
恋爱	liàn'ài	fall in love	9*
猎枪	lièqiāng	shotgun	13*
猎人	lièrén	hunter	8
铃铛	língdang	bell	4
菱角	língjiǎo	water chestnut	14*
领导	lǐngdǎo	lead	12*
溜	liū	slip away; sneak off	9*
流传	liúchuán	spread	14*
流行	liúxíng	popular	12*
留言	liú yán	leave a message; message (written at departure)	13
龙舟	lóngzhōu	dragon boat	14*
喽	lou	to call attention to a new situation	7
录取	lùqǔ	enroll; admit to	11
露	lòu	show; reveal	12*
乱哄哄	luànhōnghōng	in noisy disorder	12*
轮	lún	take turns	4*
驴	lǘ	donkey	2
旅程	lǚchéng	itinerary; journey	13

M

马夫	mǎfū	groom; horsekeeper	10*
马拉松	mǎlāsōng	marathon	5*
埋	mái	bury	3*
瞒	mán	hide the truth from	6*
满	mǎn	full, filled; fill	2
毛病	máobìng	defect	6*
冒充	màochōng	pretend to be	8*
眉头	méitóu	brows	12
闷闷不乐	mènmèn-búlè	depressed; in low spirits	4*
迷惑	míhuò	puzzle; delude	12
秘密	mìmì	secret	11*
面积	miànjī	acreage	2*
渺小	miǎoxiǎo	tiny; negligible	7
妙	miào	yum; good	4
庙	miào	temple	1
灭亡	mièwáng	be destroyed	12
民间	mínjiān	nongovernmental	14*
明明	míngmíng	obviously	10
模仿	mófǎng	imitate; copy	12*
模特儿	mótèr	model	10
莫名其妙	mòmíngqímiào	be baffled	4*

模样	múyàng	appearance; look	6
拇指	mǔzhǐ	thumb	7
目瞪口呆	mùdèng-kǒudāi	stunned	2*
墓地	mùdì	cemetery; graveyard	11*
木鱼	mùyú	wooden fish	3

N

纳闷儿	nàmènr	bewildered; puzzled	8*
难道	nándào	surely it doesn't mean that	7
难得	nándé	hard or not possible to come by	10
难免	nánmiǎn	inevitably	12*
脑袋	nǎodai	head	11
脑筋	nǎojīn	brain; mind	5*
闹	nào	tease; joke	6
嫩	nèn	(of cooking) tender; underdone	14
腻	nì	greasy; oily	14
年纪	niánjì	age	2
念经	niàn jīng	chant scripture	3
农夫	nóngfū	farmer	8
农历	nónglì	lunar calendar	14*
弄巧成拙	nòngqiǎo-chéngzhuō	try to be clever only to end up with a blunder	3*
糯米	nuòmǐ	glutinous rice	14*

O

偶然	ǒurán	accidental; fortuitous	7*

P

拍	pāi	clap	4
排行	páiháng	seniority among brothers and sisters	7
牌子	páizi	sign	3*
陪	péi	keep sb. company	6
皮	pí	skin; peel; rind	2*
匹	pǐ	(for horses, mules, etc.)	7*
篇	piān	for paper, articles etc.	4*
飘	piāo	wave to and fro; float (in the air)	5
凭	píng	rely on; base on	11
平凡	píngfán	ordinary; common	9*
平时	píngshí	usually	10*
平庸	píngyōng	mediocre; ordinary	5*
扑	pū	throw oneself on or at sth.	8
扑灭	pūmiè	put out	3

Q

欺负	qīfu	bully	4
七嘴八舌	qīzuǐ-bāshé	all talking in confusion 嘴 mouth; 舌 tongue	4
奇怪	qíguài	strange	5
旗袍	qípáo	chi-pao; cheongsam	12*
齐心协力	qíxīn-xiélì	work as one	3
气喘吁吁	qìchuǎnxūxū	gasp; breathless	5*
气呼呼	qìhūhū	in a huff; angry	10*
气急败坏	qìjí-bàihuài	flustered and exasperated	3*
牵	qiān	lead along	10*
签	qiān	sign; autograph	13
千万	qiānwàn	must; make sure to	1
前途	qiántú	future; prospect	14
欠	qiàn	owe; be behind with	11
强壮	qiángzhuàng	strong; robust	10*
抢	qiǎng	scramble	2
敲	qiāo	knock; beat	3
悄悄	qiāoqiāo	quietly; on the quiet	9*
瞧	qiáo	look; see	4*
切	qiē	cut	11*
勤劳	qínláo	diligent; industrious	4
轻功	qīnggōng	Qinggong	5
情景	qíngjǐng	scene; sight	13

请求	qǐngqiú	request; ask	10
区别	qūbié	discriminate; difference	6
祛寒	qūhán	dispelling cold	14*
娶	qǔ	take a wife	2
劝	quàn	advise	6*
群	qún	group; herd	4
R			
人世	rénshì	the world	11
扔	rēng	throw; toss	13*
日积月累	rìjī-yuèlěi	days and months multiplying	11*
容积	róngjī	volume; capacity	2*
入伍	rùwǔ	enlist in the armed forces	7*
S			
洒	sǎ	sprinkle; spill	14*
傻瓜	shǎguā	fool	10*
筛子	shāizi	sieve; sifter	14*
山顶	shāndǐng	top of a mountain	1
伤痕	shānghén	scar; bruise	9
伤口	shāngkǒu	wound	13*
赏	shǎng	grant (bestow) a reward; appreciate	8*/14*
上当	shàng dàng	be taken in	6
烧香	shāo xiāng	burn joss sticks	3
蛇	shé	snake	2*
舍不得	shěbude	hate to use or part with	1*
射	shè	shoot	8
伸	shēn	stretch	13
生命	shēngmìng	life	9
绳子	shéngzi	rope	8
省吃俭用	shěngchī-jiǎnyòng	save money on food and expenses	14
剩	shèng	surplus; remnant	3*
诗	shī	poetry	11*

诗人	shīrén	poet	14*
失败	shībài	fail; be defeated	6
狮子	shīzi	lion	3*
识别	shíbié	recognise	10*
实际	shíjì	practical; realistic	1*
石榴	shíliu	pomegranate	13*
食品	shípǐn	food	13*
食物	shíwù	food	14*
始祖	shǐzǔ	earliest ancestor	14*
试图	shìtú	attempt to do sth.	13
收藏	shōucáng	collect; store up	13
收获	shōuhuò	gather in the crops	13*
收入	shōurù	income	11
收拾	shōushi	put in order; pack up	9*
手指	shǒuzhǐ	finger	7
受	shòu	bear; endure	4
受伤	shòu shāng	be injured	8
梳	shū	comb	12
熟悉	shúxī	familiar; know well	5
数	shǔ	by comparsion	7
竖	shù	thumb up	7
摔	shuāi	throw	1*
帅气	shuàiqi	handsome; cool	6*
拴	shuān	tie	4
双胞胎	shuāngbāotāi	twins	6
爽快	shuǎngkuai	frank; straightforward	1*
水池	shuǐchí	pool	3*
水桶	shuǐtǒng	bucket	1*
撕	sī	rip; tear	13
丝绸	sīchóu	silk	12*
嘶鸣	sīmíng	whinny; neigh	10*
寺庙	sìmiào	temple	3
俗话	súhuà	common saying	7
算	suàn	regard as	12*

随口	suíkǒu	speak thoughtlessly	10*
碎	suì	fragmentary; break to pieces, smash	11
损失	sǔnshī	loss	7*
缩	suō	contract; shrink	8

T

抬	tái	carry (two or more persons)	2
态度	tàidù	attitude; manner	2
毯子	tǎnzi	blanket	11*
汤圆	tāngyuán	rice sweet dumplings made of glutinous rice flour	14*
逃学	táoxué	play truant	11*
逃走	táozǒu	escape	4
桃子	táozi	peach	13*
讨论	tǎolùn	discuss	7
梯子	tīzi	ladder; stepladder	5*
题目	tímù	title; topic	4*
提醒	tíxǐng	remind; warn	10*
体面	tǐmiàn	dignity; face	13*
替	tì	replace; stand in for	8*
添	tiān	add	2*
天空	tiānkōng	sky	11*
天堂	tiāntáng	paradise; heaven	11
天文	tiānwén	astronomy	11
舔	tiǎn	lick; lap	13*
挑	tiāo	tote with a carrying pole	3
贴	tiē	paste	8*
铁青	tiěqīng	livid	1*
亭子	tíngzi	pavilion	13*
同桌	tóngzhuō	deskmate	11*
痛快	tòngkuài	forthright	9*
偷	tōu	steal	3
透	tòu	fully; completely	5*
徒弟	túdì	apprentice	1
吐	tù	spit	5
团圆	tuányuán	reunion	14*
退	tuì	retreat; draw back	13*
驮	tuó	carry on one's back	2

W

挖	wā	dig	3*
危险	wēixiǎn	dangerous; perilous	9
唯一	wéiyī	only; sole	10
伟大	wěidà	great	7
胃癌	wèi'ái	gastric cancer	1*
胃炎	wèiyán	gastritis	1*
喂养	wèiyǎng	feed; raise	10*
位置	wèizhì	position; place	7
嗡	wēng	buzz	11
握	wò	hold; grasp	1*
捂	wǔ	cover; muffle	12
五马分尸	wǔmǎ-fēnshī	tear a body limb from limb by five horses	8*
侮辱	wǔrǔ	insult	11*
午夜	wǔyè	midnight	6*
舞者	wǔzhě	dancer	12*

X

吸引	xīyǐn	attract; appeal to	9
媳妇	xífù	wife	2
习俗	xísú	custom; convention	14*
虾	xiā	shrimp	14*
瞎	xiā	blind; sightless	9
瞎子	xiāzi	a blind person	9
吓	xià	frighten; scare	5
显然	xiǎnrán	obvious; evident	12*
馅儿	xiànr	filling; stuffing	14*
羡慕	xiànmù	admire; envy	13

现实	xiànshí	reality; actuality	9*
乡亲	xiāngqīn	a person from the same village or town	14*
箱子	xiāngzi	case; box	2
想念	xiǎngniàn	long to see again	11*
相	xiàng	judge	10*
项链	xiàngliàn	necklace	6
象征	xiàngzhēng	symbolize	14*
消灭	xiāomiè	perish	14*
小伙子	xiǎohuǒzi	young man	1
笑嘻嘻	xiàoxīxī	grinning; smiling broadly	5*
肖像	xiàoxiàng	portrait; portraiture	10
谐音	xiéyīn	homophonic	14*
血	xiě	blood	13*
写作	xiězuò	write	5*
心病	xīnbìng	anxiety; worry	6*
心情	xīnqíng	mood; feeling tone	6*
心思	xīnsi	thought; idea	6
心意	xīnyì	mind	14
新娘	xīnniáng	bride	9
新鲜	xīnxiān	new; rare	1
欣然	xīnrán	agreeably; gladly	5
信封	xìnfēng	envelope	11*
信任	xìnrèn	trust	12
兴奋	xīngfèn	be excited; excite, stimulate	11
兴隆	xīnglóng	prosperous	14
兴旺	xīngwàng	flourishing	3
行李	xíngli	luggage	9*
行礼	xíng lǐ	salute; give a salute	7
形象	xíngxiàng	image	10
形状	xíngzhuàng	form; shape	14*
幸好	xìnghǎo	fortunately; luckily	9
胸口	xiōngkǒu	the pit of the stomach	12
凶手	xiōngshǒu	murderer	8*
熊	xióng	bear	13*

Y

压	yā	press	2
言外之意	yánwàizhīyì	the implication	10*
演奏	yǎnzòu	play a musical instrument	9*
养	yǎng	support; bring up	2
幺	yāo	one	4*
腰	yāo	waist	1*
摇	yáo	shake	2*
依……看	yī……kàn	in... opinion	7*
依然	yīrán	still	12*
遗憾	yíhàn	sorry; regretful	1*
疑问	yíwèn	query; question	7*
一切	yíqiè	all	3*
一连	yìlián	in succession	10*
一旁	yìpáng	one side	10*
一生	yìshēng	all one's life; a lifetime	10
艺术	yìshù	art	10
银子	yínzi	silver	3*
印	yìn	print	13*
英俊	yīngjùn	handsome	1
英雄	yīngxióng	hero	8*
赢得	yíngdé	to win	12
营业员	yíngyèyuán	shop assistant	13
影子	yǐngzi	shadow	8*
拥挤	yōngjǐ	crowded	12*
俑	yǒng	tomb figure	12*
勇敢	yǒnggǎn	brave; courageous	3*
永远	yǒngyuǎn	forever	4
忧虑	yōulǜ	worried; anxious	7*
优美	yōuměi	graceful	6*

优秀	yōuxiù	outstanding; excellent	10
优雅	yōuyǎ	elegance; grace	12*
邮递员	yóudìyuán	postman	13
犹豫	yóuyù	hesitate; be irresolute	8*
于是	yúshì	then; thus	2*
誉	yù	praise; eulogize	14
遇到	yùdào	meet; come across	4*
预言	yùyán	predicate; prophesy	10
缘分	yuánfèn	lot or luck by which people are brought together	9*
缘故	yuángù	cause; reason	9
元宵	yuánxiāo	rice sweet dumplings made of glutinous rice flour	14*
怨恨	yuànhèn	have a grudge against sb.	11*
院子	yuànzi	courtyard	3*
约	yuē	make an appointment	6
月饼	yuèbing	moon cake	14*
月光	yuèguāng	moonlight	9
月亮	yuèliang	moon	14*
乐队	yuèduì	band	9*
乐师	yuèshī	musician	9*
乐舞	yuèwǔ	dance accompanied by music	12*
岳母	yuèmǔ	wife's mother	6*

Z

砸	zá	pound	13*
葬礼	zànglǐ	funeral ceremony	11*
枣红	zǎohóng	purplish red; claret	14
炸	zhà	bomb out; dynamite	11
榨	zhà	press	13*
战	zhàn	fight; battle	7*
战场	zhànchǎng	battlefield	10*
长相	zhǎngxiàng	looks	6*
着火	zháo huǒ	catch fire	3
照顾	zhàogù	care; look after	6*
照实	zhàoshí	according to the facts	4*
照样	zhàoyàng	still	6
遮	zhē	cover; hide from view	5*
斟	zhēn	pour (wine or tea)	8*
诊室	zhěnshì	consulting room	4*
睁	zhēng	open (eyes)	11*
争	zhēng	contend; vie	6
争吵	zhēngchǎo	quarrel; wrangle	3
争论	zhēnglùn	argue; dispute; debate	11
争先恐后	zhēngxiān-kǒnghòu	fall over each other to do sth.	2
整理	zhěnglǐ	arrange; put in order	11
挣	zhèng	earn	11
织布	zhībù	weave	11*
芝麻	zhīma	sesame	14*
知识	zhīshi	knowledge	2*
枝头	zhītóu	on the branch	13*
值	zhí	worth	2*
指	zhǐ	point to	4*
只好	zhǐhǎo	have to	1
只要	zhǐyào	if only; as long as	4
纸条	zhǐtiáo	slip of paper	2
制作	zhìzuò	make; produce	14
中意	zhōngyì	be to one's liking	10*
终于	zhōngyú	finally; at last	6*
种	zhǒng	seed; semen	13*
种	zhòng	plant; grow	13*
重量	zhòngliàng	weight	2*
皱	zhòu	wrinkle; furrow	12
竹叶	zhúyè	bamboo leaves	14*

煮	zhǔ	boil	14*
主任	zhǔrèn	director	1*
主意	zhǔyi	idea	2
著称	zhùchēng	known; famous	12*
著名	zhùmíng	famous	10
祝福	zhùfú	benison; wish happiness to	13
祝贺	zhùhè	congratulate; celebrate	7*
转	zhuǎn	turn	9
转眼	zhuǎnyǎn	in a flash	9
装	zhuāng	put into	3
撞	zhuàng	knock; bump	13*
追	zhuī	chase after	6
资料	zīliào	data; material	11
滋味	zīwèi	taste; relish	10*
仔细	zǐxì	careful	7*
字体	zìtǐ	form of a written or printed character	11*
自言自语	zìyán-zìyǔ	talk to oneself	10*
自以为是	zìyǐwéishì	be self-righteous; believe sth. to be correct opinionately	10
总统	zǒngtǒng	president	14*
粽子	zòngzi	pyramid-shaped dumplings made of glutinous rice	14*
租	zū	rent	2
阻止	zǔzhǐ	stop; prevent	10
醉	zuì	drunken	6*
作品	zuòpǐn	works; opus	10

练习参考答案

第1单元

◆ 精读篇　吃人的老虎

语言点

一、1. B 2. A 3. B 4. A

二、1. A 2. D 3. B 4. C

读后练习

一、略

二、1. × 2. √ 3. × 4. ×
5. √ 6. √ 7. √ 8. √

三、1. B 2. C 3. C 4. A 5. D

四、1. B 2. C

五、1. B 2. C

六、略

◆ 泛读篇　1. 你还真大方

一、1. × 2. √ 3. × 4. √ 5. ×

二、1. C 2. A 3. D 4. D 5. A

三、1. A 2. C

◆ 泛读篇　2. 说真话

一、1. √ 2. × 3. √ 4. √ 5. ×

二、1. B 2. C 3. D 4. B 5. C

三、1. A 2. C

▲ 单元练习

二、1. 赶 2. 加 3. 长 4. 骑 5. 减 6. 摔
7. 握 8. 点、点 9. 像 10. 试、试

三、1. 遗憾 2. 谎话 3. 减肥 4. 大方
5. 英俊 6. 新鲜 7. 答应 8. 吃惊
9. 担心 10. 聚会

四、1. B 2. A 3. A 4. B 5. A 6. B 7. B 8. A

※ HSK 拓展训练

一、1. B 2. A 3. C 4. D 5. B

二、1. D 2. C

第2单元

◆ 精读篇　儿子不如石头

语言点

一、1. A. biàn　B. pián
2. A. lè　B. yuè
3. A. jiào　B. jué

二、1. A 2. D 3. C 4. B

读后练习

一、略

二、1. √ 2. × 3. × 4. √ 5. ×

三、1. C 2. D 3. B 4. C 5. A

四、1. A 2. D

五、1. D 2. A

六、1　3　5　4　2　6

七、略

◆ 泛读篇　1. 画蛇添足

一、1. × 2. √ 3. × 4. × 5. √

二、1. C 2. B

三、1. C 2. B

◆ 泛读篇　2. 用数学知识买瓜

一、1. × 2. √ 3. √ 4. × 5. ×

二、1. C 2. B 3. A 4. D 5. A

三、略

▲ 单元练习

二、1. 抢 2. 添 3. 存 4. 称 5. 养
6. 值 7. 抬 8. 压 9. 租 10. 搬

三、1. 态度 2. 重量 3. 面积 4. 根本
5. 继续 6. 年纪、劳动 7. 媳妇
8. 纸条 9. 比赛

四、1. A 2. B 3. B 4. A 5. B 6. A 7. B 8. A

※ HSK 拓展训练

一、1. A 2. B 3. D 4. C 5. B

二、1. A 2. C

第3单元

◆ 精读篇　三个和尚

语言点

一、1. 寄、送 2. 发 3. 关 4. 合、闭

二、1. D 2. C 3. B 4. A

读后练习

一、略

二、1. √ 2. × 3. × 4. √ 5. ×

三、1. C 2. C 3. D 4. A 5. C 6. C

四、1. A 2. D

五、1. B 2. C 3. D

六、略

◆ 泛读篇　1. 弄巧成拙

一、1. × 2. × 3. √ 4. √

二、1. B 2. A 3. D 4. C

三、1. B 2. B 3. C

◆ 泛读篇　2. 此地无银三百两

一、1. × 2. √ 3. × 4. × 5. ×

二、1. D 2. B 3. A

三、1. B 2. D

▲ 单元练习

二、1. 选 2. 挖 3. 装 4. 念 5. 管
6. 偷 7. 插 8. 剩 9. 挑 10. 敲

三、1. 吃亏 2. 总算 3. 正巧 4. 争吵
5. 兴旺 6. 安全 7. 得意 8. 勇敢
9. 忽然 10. 安稳

四、1. B 2. A 3. B 4. A 5. A 6. B
7. A 8. A

※ HSK 拓展训练

一、1. D 2. A 3. C 4. B 5. D

二、1. B 2. C

第4单元

◆ 精读篇　给猫拴铃铛

语言点

一、1. B 2. D 3. A 4. C

二、1. C 2. A 3. D 4. B

读后练习

一、略

二、1. √ 2. × 3. × 4. √ 5. ×

三、1. D 2. C 3. B 4. D 5. C 6. A

四、1. A 2. B

五、1. B 2. A 3. C

六、略

◆ 泛读篇　1. 喝酒与读书

一、1. √ 2. √ 3. × 4. × 5. ×

二、1. D 2. A 3. B 4. C 5. B 6. C

三、1. D 2. B

四、略

◆ 泛读篇　2. 幺和一

一、略

二、1. × 2. √ 3. × 4. √ 5. ×

三、1. D 2. A 3. B 4. A

四、略

▲ 单元练习

二、1. 瞧 2. 拴 3. 改 4. 指 5. 聚
6. 妙 7. 逃 8. 拍 9. 躲 10. 轮

三、1. 立刻 2. 保证 3. 答应 4. 欺负
5. 空话 6. 好好 7. 永远 8. 照实
9. 遇到 10. 小心

四、1. A 2. B 3. A 4. B 5. B 6. A
7. B 8. B

※ HSK 拓展训练

一、1. A 2. C 3. B 4. D 5. A

二、1. D 2. C

第5单元

◆精读篇　卖鬼

语言点

一、1. B 2. C 3. D 4. A

二、1. B 2. A 3. D 4. C

读后练习

一、略

二、1. × 2. × 3. × 4. √ 5. ×
6. √ 7. √ 8. √ 9. √ 10. √

三、1. C 2. D 3. D 4. A 5. B

四、1. C 2. D

五、1. C 2. A 3. D

六、略

◆泛读篇　1. 双手插在口袋里的人

一、1. × 2. √ 3. × 4. × 5. √

二、1. A 2. B 3. A 4. D 5. B 5. D

三、1. C 2. B

四、略

◆泛读篇　2. 老鼠嫁女

一、1. 太阳、白云、北风、宝塔
2. 猫

二、略

三、1. C 2. D

四、1. A 2. B 3. C

▲单元练习

二、1. 遮 2. 抄 3. 吓 4. 吐 5. 扛 6. 背
7. 透 8. 摇、摇 9. 刮 10. 飘、飘

三、1. 平庸 2. 见怪 3. 饥饿 4. 抱怨
5. 公平 6. 道理 7. 成功 8. 厉害
9. 逃跑 10. 熟悉

四、1. A 2. A 3. A 4. B 5. A 6. B 7. A 8. B

五、1. B 2. C 3. D 4. A

※HSK拓展训练

一、1. B 2. D 3. C 4. A 5. D

二、1. B 2. B

第6单元

◆精读篇　高招

语言点

一、1. 米饭 / 泡饭 / 炒饭
2. 铅笔 / 毛笔 / 钢笔
3. 手语 / 口语 / 暗语
4. 皮包 / 背包 / 书包

二、1. E 2. D 3. A 4. B 5. C

读后练习

一、略

二、1. × 2. √ 3. × 4. √ 5. ×
6. × 7. × 8. √ 9. × 10. √

三、1. B 2. C 3. B 4. A 5. D 6. A
7. D 8. A

四、1. A 2. B

五、1. D 2. C

六、略

◆泛读篇　1. 邯郸学步

一、略

二、1. B 2. C 3. D 4. B 5. A

三、1. A 2. B 3. A

◆泛读篇　2. 闭嘴计划

一、略

二、1. √ 2. √ 3. × 4. ×

三、1. D 2. B 3. A 4. D 5. A 6. C

四、1. B 2. D

▲单元练习

二、1. 闭 2. 费 3. 劝 4. 嫌 5. 陪
6. 争 7. 逛 8. 瞒 9. 夹 10. 闹

三、1. 特意 2. 身材 3. 优美 4. 毛病
5. 模样 6. 打赌 7. 活泼 8. 照顾
9. 感动 10. 失败

四、1. A 2. B 3. B 4. A 5. B 6. A 7. A 8. B

※HSK拓展训练

一、1. C 2. A 3. D 4. B 5. A

二、1. C 2. B

第 7 单元

◆ 精读篇　谁最重要

语言点

一、1. B、E 2. D 3. A、A 4. B、C

二、1. B 2. D 3. A 4. C

读后练习

一、1. C 2. B 3. D 4. A

二、1. × 2. √ 3. × 4. × 5. √ 6. ×

三、1. D 2. A 3. C 4. B 5. D 6. C 7. A 8. B

四、1. C 2. A

五、1. D 2. A 3. D

六、1. A 2. D

七、略

◆ 泛读篇　1. 塞翁失马

一、略

二、1. × 2. √ 3. × 4. × 5. ×

三、1. A 2. C 3. A 4. D 5. B 6. A 7. B

四、1. C 2. B

五、略

◆ 泛读篇　2. 邹忌比美

一、略

二、1. × 2. √ 3. × 4. √

三、1. D 2. B 3. C 4. A 5. B

四、1. C 2. B

▲ 单元练习

二、1. 低 2. 让 3. 准 4. 数 5. 靠
6. 竖 7. 丢 8. 断 9. 戴 10. 照

三、1. 伟大 2. 打量 3. 拜访 4. 渺小
5. 安慰 6. 忧虑 7. 称赞 8. 损失
9. 讨论 10. 靠近、靠近

四、1. A 2. A 3. A 4. B 5. A 6. B
7. B 8. B、A

※HSK 拓展训练

一、1. A 2. C 3. A 4. D 5. B

二、1. C 2. B

第 8 单元

◆ 精读篇　东郭先生和狼

语言点

一、1. D 2. A 3. B 4. C

二、1. D 2. A 3. B 4. C

读后练习

一、略

二、1. × 2. √ 3. √ 4. √ 5. √ 6. ×
7. × 8. × 9. × 10. × 11. × 12. ×

三、1. B 2. A 3. D 4. B 5. C 6. D
7. A 8. D

四、1. B 2. C

五、1. A 2. D

六、1. B 2. B

七、略

◆ 泛读篇　1. 四个“二百五”

一、略

二、1. √ 2. × 3. √ 4. × 5. √

三、1. D 2. A 3. C 4. A 5. B

四、1. A 2. D

◆ 泛读篇　2. 杯弓蛇影

一、1. B 2. D 3. C 4. A

二、1. B 2. D 3. D 4. B 5. A

▲ 单元练习

二、1. 捆 2. 斟 3. 射 4. 救 5. 领
6. 藏 7. 缩 8. 扑 9. 刺 10. 系

三、1. 冒充 2. 理应 3. 报答 4. 浑身
5. 亲眼 6. 简直 7. 果然 8. 纳闷儿
9. 否认 10. 不料

四、1. 去 2. 起 3. 下 4. 上 5. 出 6. 过

五、1. 中 2. 倒 3. 住 4. 伤 5. 成 6. 掉

※HSK 拓展训练

一、1. C 2. B 3. A 4. A 5. B 6. D

二、1. A 2. D

第9单元

◆精读篇　月下老人

语言点

一、1. D 2. A 3. B 4. C

二、1. C 2. B 3. A 4. D

读后练习

一、略

二、1. × 2. × 3. √ 4. √ 5. × 6. ×
7. √ 8. √ 9. × 10. √ 11. √ 12. √

三、1. A 2. D 3. A 4. C 5. B 6. D
7. C 8. B

四、1. D 2. C

五、1 4 7 6 2 5 3

六、略

◆泛读篇　1. 滥竽充数

一、略

二、1. × 2. × 3. √ 4. × 5. ×

三、1. B 2. C 3. C 4. A

四、1. B 2. C

五、1. D 2. A

◆泛读篇　2. 理想与现实

一、略

二、1. × 2. √ 3. × 4. √ 5. × 6. ×

三、1. A 2. D 3. C 4. A 5. C

四、1. B 2. C

▲单元练习

二、1. 丑 2. 弄 3. 转 4. 谈 5. 结
6. 混 7. 吹 8. 忍 9. 道 10. 溜

三、1. 赶紧 2. 记载 3. 缘分 4. 犹豫
5. 吸引 6. 收拾 7. 假装 8. 危险
9. 缘故 10. 演奏

四、1. A 2. B 3. A 4. B 5. A 6. A 7. B 8. B

※HSK 拓展训练

一、1. C 2. B 3. C 4. A 5. D

二、1. A 2. B

第10单元

◆精读篇　预言

语言点

一、1. E 2. D 3. B 4. A 5. C

二、1. D 2. A 3. C 4. B

读后练习

一、略

二、1. × 2. × 3. √ 4. √ 5. √ 6. ×
7. × 8. ×

三、1. D 2. A 3. B 4. C 5. A 6. A 7. B 8. D

四、1. C 2. B

五、1. B 2. D

六、1. B 2. B

七、略

◆泛读篇　1. 言外之意

一、略

二、1. C 2. B 3. D 4. B 5. D 6. A 7. B

三、1. B 2. D

四、1. C 2. B

◆泛读篇　2. 伯乐相马

一、略

二、1. × 2. √ 3. × 4. × 5. ×

三、1. A 2. D 3. A 4. D 5. C

四、1. 气喘吁吁 2. 将信将疑
3. 毫不犹豫 4. 两耳生风

五、1. C 2. A

▲单元练习

二、1. 传 2. 理 3. 牵 4. 喂、喂 5. 接
6. 求 7. 随 8. 约 9. 搞 10. 扬

三、1. 拒绝 2. 提醒 3. 著名 4. 举办
5. 难得 6. 解释 7. 可惜 8. 滋味
9. 恢复 10. 中意

四、1. A 2. A 3. A 4. B 5. A 6. B 7. B 8. A

※HSK 拓展训练

一、1. A 2. A 3. B 4. A 5. D 6. C

二、1. A 2. B

第11单元

◆ 精读篇　天堂里有没有大学

语言点

一、1. 得失、是非、动静、买卖
　　2. 多少、反正、迟早、东西
　　3. 前后、听说、冷暖、始终
二、1. D 2. E 3. B 4. C 5. A

读后练习

一、略
二、1. × 2. √ 3. × 4. √ 5. √ 6. √
　　7. √ 8. × 9. √ 10. × 11. × 12. ×
三、1. A 2. D 3. A 4. B 5. D 6. B 7. B 8. C
四、1. D 2. C
五、1. A 2. C 3. D 4. C
六、略

◆ 泛读篇　1. 孟母教子

一、略
二、1. √ 2. × 3. × 4. √
三、1. B 2. A 3. D 4. B 5. C
四、1. A 2. D 3. B

◆ 泛读篇　2. 妈妈的秘密

一、略
二、1. × 2. × 3. √ 4. × 5. √ 6. √
三、1. A 2. D 3. D 4. B 5. A 6. B
四、1. D 2. B

▲ 单元练习

二、1. 欠 2. 撑 3. 蹲 4. 供 5. 炸
　　6. 挣、挣 7. 切 8. 盖 9. 剪 10. 织
三、1. 隔壁 2. 侮辱 3. 兴奋 4. 悲伤
　　5. 录取 6. 争论 7. 收入 8. 想念
　　9. 坚持 10. 辞职
四、1. B 2. A 3. A 4. A 5. A 6. B 7. B 8. A

※ HSK 拓展训练

一、1. B 2. A 3. B 4. C 5. D
二、1. C 2. A

第12单元

◆ 精读篇　西施的故事

语言点

一、1. 四大洋 2. 五官 3. 五指 4. 五味
　　5. 七大洲
二、1. 责任感、苦肉计、明星梦、人生观
　　2. 银行家、消费者、上班族、京剧迷
　　3. 加油站、科学院、飞机场、咖啡厅

读后练习

一、略
二、1. √ 2. × 3. √ 4. × 5. × 6. √
　　7. √ 8. √ 9. × 10. × 11. √ 12. ×
三、1. C 2. C 3. A 4. A 5. B
　　6. B 7. D 8. C 9. A 10. A
四、1. A 2. D
五、1. D 2. A
六、略

◆ 泛读篇　1. 旗袍司机

一、略
二、1. D 2. B 3. C 4. D 5. B
三、1. B 2. A
四、1. D 2. C 3. D

◆ 泛读篇　2. 以胖为美

一、略
二、1. × 2. × 3. × 4. √ 5. × 6. √
三、1. B 2. C 3. D 4. A 5. C
四、1. C 2. D

▲ 单元练习

二、1. 梳 2. 算 3. 配 4. 发 5. 提
　　6. 皱 7. 沉 8. 睁 9. 捂 10. 露
三、1. 趁机 2. 模仿 3. 宠爱 4. 丰满
　　5. 拥挤 6. 从事 7. 标准 8. 合身
　　9. 显然 10. 依然
四、1. B 2. A 3. A 4. A 5. B 6. B 7. B 8. A

※ HSK 拓展训练

一、1. B 2. D 3. B 4. C 5. A
二、1. C 2. D

第13单元

◆ 精读篇　一张汇款单

语言点

一、1. D 2. E 3. C 4. B 5. A

二、1. 旅游 2. 安检 3. 研制 4. 高中 5. 公交

读后练习

一、略

二、1. × 2. × 3. × 4. √ 5. √ 6. √ 7. × 8. √ 9. × 10. × 11. √ 12. ×

三、1. C 2. A 3. D 4. D 5. C 6. B 7. B 8. A 9. A 10. C

四、1. C 2. D

五、1. B 2. D 3. D

六、略

◆ 泛读篇　1. 猎人和母熊

一、略

二、1. √ 2. √ 3. × 4. × 5. ×

三、1. D 2. B

四、1. ①⑤③⑥②④
2. ①④②③⑥⑤

◆ 泛读篇　2. 种花生

一、略

二、1. B 2. A 3. D 4. C 5. B 6. B

三、1. C 2. A

四、1. D 2. A

▲ 单元练习

二、1. 散 2. 印 3. 退 4. 舔 5. 撞 6. 砸 7. 盯 8. 捞 9. 伸 10. 撕

三、1. 成熟 2. 分辨 3. 吩咐 4. 试图 5. 情景 6. 感激 7. 收获 8. 可贵 9. 祝福 10. 羡慕

四、1. A 2. A 3. B 4. B 5. A 6. B 7. A 8. A

※ HSK拓展训练

一、1. D 2. B 3. D 4. A 5. C

二、1. B 2. D

第14单元

◆ 精读篇　话说全聚德

语言点

一、1. E 2. B 3. A 4. D 5. C

二、1. 草绿、豆绿、墨绿
2. 金黄、橘黄、杏黄
3. 天蓝、藏蓝、宝石蓝
4. 雪白、奶白、银白

读后练习

一、略

二、1. × 2. × 3. × 4. × 5. √ 6. √ 7. × 8. √ 9. × 10. ×

三、1. B 2. C 3. D 4. A 5. B 6. A 7. D 8. D 9. C 10. A

四、1. B 2. A 3. C

五、略

◆ 泛读篇　1. 冬至饺子的故事

一、略

二、1. × 2. × 3. √ 4. √ 5. × 6. ×

三、1. C 2. D 3. D 4. B 5. B

◆ 泛读篇　2. 元宵和汤圆

一、略

二、1. √ 2. √ 3. × 4. × 5. √ 6. × 7. √ 8. √

三、1. A 2. C 3. D 4. A 5. C

◆ 泛读篇　3. 粽子的故事

一、略

二、1. × 2. × 3. √ 4. √ 5. × 6. √ 7. ×

三、1. A 2. C

◆ 泛读篇　4. 月饼的故事

一、略

二、1. × 2. × 3. √ 4. √ 5. × 6. √

三、1. B 2. A 3. D 4. C

四、1. D 2. C

▲ 单元练习

二、1. 嫩 2. 誉 3. 煮 4. 划 5. 专
6. 腻 7. 倒 8. 呈 9. 赏 10. 冻

三、1. 兴隆 2. 倒闭 3. 象征 4. 习俗
5. 前途 6. 来历 7. 团圆 8. 纪念
9. 制作 10. 精明

四、1. A 2. B 3. A 4. A 5. A 6. B
7. B 8. A

※ HSK 拓展训练

一、1. B 2. A 3. D 4. B 5. C

二、1. C 2. A